あの感動と勇気が甦ってくる

ラグビー日本代表 ONE TEAMの軌跡

日本代表強化委員長
藤井雄一郎
日本代表広報
薮木宏之
文・構成
伊藤芳明

講談社

ラグビー日本代表　ONE　TEAMの軌跡［目次］

プロローグ　2019年10月13日、横浜【藪木宏之の証言】

第1章　大会前夜【藤井雄一郎の証言】

第2章 不協和音【藤井雄一郎の証言】

第3章 情報戦【藪木宏之の証言】

第4章 地獄の猛練習【藤井雄一郎の証言】

第5章 選ばれたメンバー【藪木宏之の証言】

第6章 開幕――ロシア戦【藪木宏之の証言】

第7章 奇跡ーアイルランド戦【藤井雄一郎の証言】

第8章 結束ーサモア戦【藤井雄一郎の証言】

第9章 確信―スコットランド戦【藪木宏之の証言】

第10章 敗者―南アフリカ戦【藤井雄一郎の証言】

第11章

解散——夢は続く【藪木宏之の証言】

写真＝渡部薫、佐貫直哉（ＪＭＰＡ）
ブックデザイン＝竹内雄二

ラグビー日本代表　ONE　TEAMの軌跡

プロローグ

2019年10月13日、横浜

【藪木宏之の証言】

ミスターラグビーへの思い

これからも何度も繰り返し流されるシーンになることでしょう。

フルバックの山中亮平が左足を振り抜き、放たれた楕円球は弧を描いてタッチラインを割りました。6万7000を超す観衆で、横浜・日産スタジアムが揺れていました。

「ノーサイド」

2019年10月13日。ラグビーワールドカップ日本大会で、ファンの悲鳴に近い「ニッポン」コールを背に、日本代表は最終盤のスコットランドの猛攻を耐えに耐え、しのぎにしのいで7点リードを守り抜きました。

28対21。

ついに1次リーグA組を4戦全勝で勝ち上がり、初の決勝トーナメント（準々決勝）進出を決め、自国開催の大会で見事、アジア勢初のベスト8入りを成し遂げたのです。

私はこの瞬間を、いつものようにピッチの傍で見ていました。

「平尾さんに見てほしかった」

仲間と抱き合って喜びを爆発させる山中を見て、そう思いました。

私が明治大から神戸製鋼所に入社したとき、平尾誠二さんはすでに、神戸製鋼ラグビー部ばかりでなく、日本ラグビー界のスーパースターでした。私は日本選手権7連覇と最強を誇った神戸製鋼ラグビー部で、スタンドオフとして、またスクラムハーフとして、平尾さんとコンビを組み、多くを学ばせてもらいました。平尾さんは２０１６年に53歳の若さで逝かれてしまうまで、大好きな、そして最も信頼できる先輩でした。


山中が早稲田大で日本一を経験し、大型バックスとして２０１１年に鳴り物入りで神戸製鋼ラグビー部に入ってきたとき、平尾さんはＧＭ兼総監督をしていました。入部直後の日本代表の強化合宿で、順風満帆に見えた山中のラグビー人生が暗転します。ドーピング検査で陽性反応が出てしまったのです。髭を生やそうと使用した養毛剤に違反薬物が含まれていたという、若者らしい不注意の招いた深刻な結果でした。

遠征先の香港から一人、急遽帰国した山中を、関西空港に迎えたのが平尾さんでした。

平尾さんはそのまま山中を連れて空港内の鮨屋に直行したそうです。

「落ち込んでるやろ、と思うて連れて行ったんやけど、これがまったく気にすることなくよう食ってたわ。えらい奴やで」

山中は2年間の選手資格停止処分を受け、ラグビー部と一緒に練習することはもちろん、グラウンドに足を踏み入れることも許されなくなりました。平尾さんは会社に掛け合って、プロ契約だった山中に社員として残る道を用意し、山中は総務部に配属されて社業を終えた後、ジムなどで一人黙々とトレーニングを続けていました。そんな山中を平尾さんは折に触れて食事に誘っていました。この素晴らしい素材を一度のミスでつぶしてはならない。平尾さんらしい接しようだったと思います。

山中は2年間のブランクの後チームに復帰し、2019年8月には31歳で初めてワールドカップ日本代表に選ばれ、ベスト8入りを果たしたこの日の試合で、最後のボールを蹴りだす役を演じたのです。平尾さんが、おそらく最も気にかけていた選手の一人が山中だったと思います。

思えばスコットランド戦の勝利は、1989年に平尾キャプテン率いる日本代表が勝利して以来、30年ぶりです。おまけに1週間後に予定されている準々決勝、南アフリカ戦は平尾さんの命日の10月20日。平尾さんを思わずにはいられない勝利でした。宿舎のホテルのロビーには大会の公式スポンサーの缶ビールが用意されていました。部屋に2本持ち帰り、平尾さんの写真を前に深夜、一人で杯をあげました。

日本代表のメディア担当

私は33歳で現役引退後、社員として神戸製鋼所の広報を担当し、２０１６年からは平尾さんの勧めもあって、日本ラグビー協会に出向して広報部長を務め、２０１９年６月から「チーム・メディア・マネージャー」という肩書で、日本代表チームのメディア担当も兼務していました。

日本代表の試合のときは、後半30分になると必ずスタンドからピッチに降ります。世界各国に配信される試合後の国際映像のインタビューは、対戦した両チームのゲームキャプテンとヘッドコーチと決まっていますが、日本のテレビ局の要請を受け、日本人選手の中で最も活躍した選手のピッチ上でのインタビューの調整をしなければならないからです。

この日、インタビューを受けるのは、ケガから復帰して初のスターティングメンバーで出場し、大活躍した福岡堅樹に決まりました。私は山中のキックを見届けると、直ちに福岡をピッチ上に設置されたインタビューコーナーに連れて行きました。

ピッチ上では、赤白の日本のジャージと、紺色のスコットランドのジャージが入り乱れ、抱きあい、握手しあってお互いの健闘をたたえあっています。ワールドカップでおなじみとなったラグビーならではの光景が広がっていました。

喜びが一段落したところで、日本代表はピッチ上で円陣を組んで固まりました。チームの目標として掲げた「ベスト8入り」を達成したのだから、チームソング「ヴィクトリーロード」をこの場で歌おうということになりました。いつもは試合後のロッカールームで歌われます。まったく予想しなかった展開でした。

私は代表チームのメディア担当になって以来、自国開催の初のワールドカップだからこそ、正確な記録を残したいと考えていました。それこそが、後に続く世代に対する責任だとの思いもありました。

日本代表チームの試合前日のミーティング、当日のホテル出発前のミーティング、そして試合前、ハーフタイム、試合後のロッカールーム……。ワールドカップのあらゆる場面の選手やスタッフの発言、表情をハンディカメラで克明に映像に落とし込んできました。メディアが入り込めない、内部の人間だからこそ撮影しうる選手とスタッフだけの空間の記録です。

しかしこのとき、肝心のハンディカメラはロッカールームに置いてきていました。取りに戻っている余裕はありません。とっさに円陣の内側に入り込み、ポケットに入っていたアイフォーンで選手たちの動画を撮影しました。赤と白のジャージをまとった巨漢の輪の内側で、黒の公式スーツに、桜をあしらった黒いタイを締めた私が、アイフォーンをかざす様子はどう見えたことでしょうか？　最後はいつものようにキャプテンのリーチ・マイケルの音頭で一本締めをして終わりました。リーチはいい表情をしていました。

「今日、歴史が変わるね」

アイフォーンを通してリーチを見ていて、私はその朝の富士山を思い出していました。代表チームの宿舎になっている横浜ランドマークタワーの上層階のホテルで朝食をとった後、何気なく同じフロアにあるミーティングルームをのぞいたときのことです。時計は午前9時を少し回っていました。リーチがただ一人、床に寝転んでストレッチをしていました。

ヘッドコーチだけはホテルの別フロアに1人で泊まっていますが、選手は2人一部屋で宿泊しています。大きな選手が2人いては、部屋でのストレッチはままなりません。たいていの選手はミーティングルームのような広い場所で、ストレッチなど体の調整を行っていました。

ミーティングルームとして用意された部屋は、大きな窓がとられ視界が開けていました。「空と隣り合うホテル」といううたい文句どおり、横浜の街を見下ろす高層階からの眺めは素晴らしいものでした。特にこの日は、青空が広がり、彼方に富士山がくっきりと見えていました。

「マイケル、清々しい朝だね」

部屋に入って声をかけると、ストレッチを中断したリーチは、

「ヤブキ、『すがすがしい』とはどういう意味？」

この男らしい生真面目さで聞いてきました。

「『清い』という字を重ねて書くんだよ」

説明すると、リーチが清々しい富士の姿を見ながら言いました。

「今日、歴史が変わるね」

この日、確かに歴史が変わりました。

南アフリカに勝利して「ブライトンの奇跡」と言われた前回のイングランド大会（2015年）の3勝を入れても、過去8大会の日本代表の戦績は4勝22敗2分。古くは名将、大西鐵之祐さんが、その後は宿澤広朗さん、平尾さんという日本ラグビーが誇る才能が率いても、まったく歯が立たなかったワールドカップの壁でした。

それがワールドカップ開幕時に世界ランキング1位だったアイルランドを下し、前回イングランド大会で大敗し、ポイント差で決勝トーナメント進出を逃した因縁の相手、スコットランドにも勝利して、世界最強の8チームの一角に堂々と名乗りを上げたのです。

日本代表の躍進は、相手チームと健闘を称えあうラグビーならではの精神世界と相まって、日本人の心の琴線に触れたように思えます。鍛え上げた肉体をぶつけ合い、一瞬のスピードで相手をかわす。仲間のために体を張り、自分が倒れても後に続く味方を信じて楕円球を託す。社会的認知度において、相撲の、野球の、そしてサッカーの後塵を拝してきたこのスポーツの魅力に、改めて気づかされた人が多かったのではないでしょうか。「にわか」を自称するファンが急増し、ラグビーは一つの社会現象にまでなりました。

歴史は間違いなく変わったのです。

ONE TEAMの軌跡

「ワールドカップのレガシー（遺産）」といわれます。国際試合のスタンダードに合わせた全国12のスタジアムは確かに今回のワールドカップのレガシーでしょう。そしてこのスポーツの魅力を理解する人々が増え、社会的認知度が上がり、明日の「ブレイブ・ブロッサムズ」（勇敢な桜の戦士たち）を目指す子供たちが増えたことも大きな遺産に違いありません。

しかし最大のレガシーは、様々な文化を背負った男たちが一つの集団を構成し、多様性の中から新たな価値観が生まれ、単一の文化では成しえなかった偉大な力を発揮できることを、そしてそのノウハウを、我々が学び取ったこと。それこそが最も貴重なレガシーではないでしょうか。

ジェイミー・ジョセフはヘッドコーチに就任して以来、前任のエディー・ジョーンズの残した遺産のうえに、前任者とはまったく違ったアプローチでチームを作り上げてきました。その過程をたどると、彼の生まれ育ったニュージーランドの先住民族、マオリ特有の「大家族」を作ろうとしたのではないか、とも思えてきます。

このチームが掲げる標語「ＯＮＥ ＴＥＡＭ」は、流行語大賞にまでなりました。選手31人に我々20人のスタッフを加えた51人の集団は、チームというよりもジェイミーを家長とする家族と呼ぶほうがふさわしいのかもしれません。

51人はいかにしてＯＮＥ ＴＥＡＭになりえたのか。手元に残った私の一冊のノートと、チームの一員だからこそ撮りえた膨大な量の映像をもとに、その軌跡をたどってみたいと思います。

【藤井雄一郎の証言】

第1章 大会前夜

運命の電話

宗像《むなかた》は福岡県の福岡、北九州という2大都市の中間に位置し、玄界灘に面しています。近年は両大都市のベッドタウンとしての色彩を強め、日本の地方都市には珍しく人口減少が起きていないとはいえ、10万人には届かないサイズの街です。

古代から中国大陸、朝鮮半島からの政治、経済、文化が伝来する海路の要衝に位置し、宗像大社は交通安全のお守りの発祥の地でもあります。２０１７年には「『神宿る島』宗像・沖ノ島と関連遺産群」としてユネスコの世界文化遺産に登録され、観光客にも人気ですが、市民の自慢は何といっても玄界灘からあがる豊かな海の幸です。日本代表チームのヘッドコーチ、ジェイミー・ジョセフも、そんな宗像の海に魅了されている一人だといえます。

宗像大社、海の幸に加えて宗像市の特色をもう一つ、急いで付け加えるならば、ラグビートップリーグに所属する「宗像サニックスブルース」のホームグラウンドがあるということです。ジェイミーは西日本社会人リーグに所属していたサニックスのフォワードとして1995年から2002年まで8年間を過ごし、私もチームメイトとしてこの街を本拠に一緒にプレーしていました。

彼は幼少時からニュージーランドの海で釣りに親しみ、日本では自前の刺身包丁を買い揃えていたほどの本格派です。休日には玄界灘に漕ぎ出して釣りを楽しみ、2人で焼酎を片手にアジ、タイなどを満喫したものです。とにかく2人でよく食い、よく飲みました。ジェイミーが日本代表チームのヘッドコーチ就任の打診を初めて受けたのも、この宗像の地でした。

現役引退後、2003年にラグビー指導者に転じたジェイミーは、かつて所属したマオリ・オールブラックスのヘッドコーチなどを経て、2011年からスーパーラグビーのニュージーランドのチーム「ハイランダーズ」のヘッドコーチを務め、低迷していたハイランダーズを2015年には優勝に導いています。

優勝を決めたのは2015年7月4日。ニュージーランド・ウエリントンで行われたプレーオフ決勝戦でした。ハリケーンズを21対14で破って初優勝を果たした彼が、リラックスできる休暇先として選んだのはやはり宗像でした。

年齢が同じこともあって、彼が日本を離れた後も家族ぐるみの付き合いが続いていました。初優勝を果たした彼に、「宗像に来いよ」と声をかけると、家族を連れて大喜びでやってきて久しぶりの宗像滞在を楽しんでいました。

カウンターから玄界灘を一望できるのが自慢の行きつけの鮨屋で、海の幸を満喫した後、私が運転するトヨタの白いバンで家族ともどもホテルに送って行く途中のことです。私の携帯電話に旧知のラグビー関係者から連絡が入りました。7月も半ばに差し掛かる午後8時半過ぎのことでした。

「ジェイミーをどう思う。エディーの後にどうかな」

日本代表チームのヘッドコーチ、エディー・ジョーンズの後任への唐突な打診でした。電話の主は当然ながら当のジェイミーが私らのもとで休暇を過ごしているなどとは思いもよらず、ジェイミーをよく知る私の感触を聞くつもりの電話だったと思います。

「いま隣にいるから替わるわ」

携帯電話を手渡すと、話に耳を傾けていたジェイミーは最後に、

「やってみたい」

と返事しました。

唐突な退任劇

このとき、日本代表チームは2ヵ月後の9月19日に迫ったワールドカップ・イングランド大会の初戦、南アフリカ戦に向けて最終調整に入っている大事な時期でした。ワールドカップの日本開催に向け、エディー体制がイングランド大会後も続く、との見方が一般的だったように思います。しかし水面下では、すでにこの時点で「エディー後」への対応策が極秘裏に進められていたことになります。

エディーは過酷な練習で日本代表を徹底的に鍛え上げ、世界ランキング9位というかつてない位置にまで引き上げていました。しかし私生活にまで注文を付ける徹底した管理システムは、選手らの反発を招くことも増え、チームの不満は頂点に達しつつあったようです。

後から知ったのですが、エディー自身、イングランド大会後の転身を考えており、周囲には辞任の意向を密かにもらしていました。日本ラグビー協会はその後、８月20日にエディーからの正式な辞任表明を受け、24日に開催の理事会でエディーの11月１日付の退任を承認し、後任のヘッドコーチはワールドカップ大会終了後に決定することを発表しています。イングランド大会直前の唐突な発表でした。

日本ラグビー協会関係者らは、退任発表の１ヵ月以上前から「ポスト・エディー・ジョーンズ」に向けて検討を開始していたのです。日本チームでプレーした経験を持ち、１９９９年のウェールズ大会では日本代表のナンバー8として桜のジャージをまとってワールドカップに参戦しているジェイミーは、有力な候補の一人で、私の携帯への突然の電話はその水面下の動きの一環だったといえます。

ジェイミーの前向きな反応を受けて、後任はジェイミーで固まっていきましたが、ヘッドコーチ就任の記者会見は結局、２０１６年9月5日まで1年以上待たねばなりませんでした。ジェイミーのハイランダーズとの契約が２０１６年シーズンまで残っていたからです。

ジェイミーを日本代表チームのヘッドコーチに迎えることを最終的に決定したのは、当時の日本ラグビー協会会長、岡村正さんでした。

「基本的には（イングランド大会後も）エディーでいくつもりでした。エディーが辞めると言ってきたときには、あまりに突然の話だったんでドキッとしました。エディーの行動を読み切れなかった点は、我々としては反省しなければいけない。そのときに挙がってきた中で、やはりジェイミーを第1候補として交渉にあたろうということになったのです」

岡村さんはジェイミー・ジョセフ・ヘッドコーチの方針が固まる過程で、ジェイミーと何度か話し合いを持っています。ラグビー協会の会長室で、あるいは食事を共にし、酒を酌み交わしながら、岡村さんは日本開催の２０１９年大会の命運を委ねられる人物かどうかを見極めようとしたわけです。

「『ラグビーワールドカップ２０１９』日本大会では、イングランド大会以上の成績を目指して、日本はもちろん、世界からもリスペクトされるチームにしてほしいと思っています」

２０１６年9月5日のジェイミーのヘッドコーチ就任会見で、同席した岡村会長が発した言葉は、３年後に迫った自国開催のワールドカップを見据え、日本のラグビー界全体の切なる願いでもありました。

アンストラクチャー

岡村さんはジェイミーとの話し合いの中で、彼の口から「アンストラクチャー」という言葉が何度も発せられるのを聞きました。岡村さんが初めて聞くラグビー用語でした。「エディーがあのような強烈な指導をした後を受け、ジェイミーがジャパンをどのように持っていこうとするのか。彼の考えているラグビーはどんなものかについて、じっくりと話をしました。そこで聞かされたのが『アンストラクチャー』という言葉でした」

今でこそ「アンストラクチャー」という用語が、テレビ中継などでも普通に聴かれるようになりました。しかし岡村さんがジェイミーからアンストラクチャーという言葉を耳にしたこの時点では、まだごく一部のラグビー専門家しか知らない概念でした。

ヘッドコーチ就任後にジェイミーがアンストラクチャーという用語をメディアに語ったときにも、ラグビー担当記者の間で、この概念が正確に理解されていたとは言いがたかったと思います。キックによってボールの支配がどちらに転ぶかわからない状態を意図的に作り出す。「ストラクチャー」、すなわち組織化された状態でない状態を作り出し、そこから好機を見出す、というような漠とした理解が主流だったと思います。

ジェイミーから初めてこの言葉を耳にした岡村さんの印象も似ていました。岡村さんは東京大学ラグビー部に所属し、当時としては長身のロックとして活躍しています。

「我々が教わったラグビーでは、キックとは基本的に相手のボールになって攻撃権を相手に渡してしまうことなんですよね。その状態を意図的に作り出してボールを支配下に置くというのが、よく理解できなかった。でもジェイミーは、アンストラクチャーというのは両軍ともに定型フォーマットで動いていないときなのでチャンスはいくらでもある。それプラス連続攻撃を加えるので、そこを理解できない奴はだめだと。そこだけは3年間、彼はまったく信念を変えず、ぶれなかったですね」

「彼は戦略を含めて選手に要求することが明確で、逆にいうとそこは非常に厳しかったですね。一つの確固たる戦術を持っているという点で、私の中ではむしろプラスの評価に近かったです」

ジェイミー流の「アンストラクチャー」とは、相手が混乱し、防御態勢が整わない状態、つまり相手にとって「アンストラクチャー」な状態をあえて作り出し、そのときに日本は統率の取れた陣形を作っておいて得点するのを意図しています。それをジェイミーは岡村さんに熱っぽく説いたのです。

スポーツライターの生島淳さんは２０２０年３月のスポーツ雑誌のワールドカップを総括する原稿の中で、スコットランド戦のトライの一つを「アンストラクチャーというコンセプトが生んだ傑作」[1]として挙げています。

14対７の日本リードで迎えた前半38分。ドロップアウト後のスコットランドのキックオフのボールをトンプソン・ルークが好キャッチしました。流大から田村優、中村亮土、姫野和樹、ラファエレ・ティモシーとつないだ時点で、日本の選手４人に対してスコットランドのディフェンスが２人という数的優位な状況が創出されていました。防御線の裏にスペースを見つけたティモシーはゴロでボールを転がし、トップスピードで走り込んだ福岡堅樹が右手でボールをつかんで、そのままゴールラインを駆け抜けました。試合の主導権を決定づける見事なトライでした。

偶然の産物のように見えるこのトライこそ、「相手の混沌局面における日本の統率力の見せどころだった」[2]と、生島さんは分析します。スコットランドはボールを獲得しようとトンプソンの周辺に人数をかけたため、ディフェンスへの切り替えが一瞬遅れ、対する日本は相手の陣形の整わないのを見て、瞬時に的確なポジションに全員がついていたというのです。

チームにアンストラクチャーという概念が浸透し、その概念に対応して、指示が出されなくても15人が一個の肉体のように瞬時に反応する。このスコットランド戦のトライ・シーンが生まれるように成熟するまでには、3年という時間が必要でした。

リーダーシップ

ただ「アンストラクチャー」というぶれない信念を持っているから、ジェイミーに2019年の日本代表チームを任せようと決断したのではない、と岡村さんは言います。

『アンストラクチャー』はあくまで一つの戦術の話ですよ。私が彼にヘッドコーチをお願いしようと判断したのは、その人間性の良さです。多国籍の人間の集まりであるチームを、日本人を含めて多様性を生かしながらまとめて引っ張っていくだけの度量が、彼にはある。文化に対する理解度が高くて、それを軸に多様な考え方に順応するし、人間として間違いがないと。彼のリーダーシップが決め手です」

岡村さんは東京芝浦電気（現・東芝）に就職し、２０００年から5年間、社長として東芝グループの再編を進め、経営体質強化に奮闘した経験を持っています。残念ながら東芝は２０１５年になって、巨額の資金を投じて買収した米ウエスティングハウス・エレクトリック・カンパニーの原子力発電事業など不採算事業の赤字を糊塗する粉飾決算が発覚し、当時の社長らが役員辞任に追い込まれる事態を引き起こしますが、それは後のことです。

岡村さんは世界的規模で展開するグローバル企業のトップとしての経験から、さまざまな人種で構成するであろう日本代表チームにあって、それぞれの文化の多様性を尊重する姿勢を重視しました。一色に染め上げるのではなく、それぞれの良さを活かしながら、一つの組織にまとめ上げるリーダーか否かを、ヘッドコーチ選択の根本に据えたのだといえます。


こうしてジェイミー・ジャパンはスタートしました。ジェイミーは就任会見で抱負を語っています。

「外国人のラグビー関係者が日本に来るときは、何かしらの犠牲を払って来ることが多いと思うのですが、私はそうではなく、非常にこの来日を楽しみにしてやってまいりました。というのも、私は１９９５年から２００２年にかけてプレーヤーとして日本に滞在したことがあるからです」

「日本を離れてもラグビーに関するキャリアは続いており、ラグビーは常に私の人生の大部分を占めていました。プロのコーチとしては12～13年の月日が経っているかと思いますが、その期間に培ったこと、学んだこと、そして得た知識を今回、日本にもう一度戻って活かしていきたいと考えています」

楽しみに乗り込んできたジェイミーの意気込みとは裏腹に、それからの代表チーム作りは苦難の連続でした。

第2章 不協和音

【藤井雄一郎の証言】

遠い道のり

2015年のイングランド大会で南アフリカを破る大番狂わせを演出した日本代表ヘッドコーチ、エディー・ジョーンズは、2016年12月に出版された著書『ハードワーク』（講談社）の中で、後任ヘッドコーチのジェイミー・ジョセフについて辛口の評価を記しています。

「彼は、スーパーラグビー（中略）での優勝経験はあるものの、国代表のコーチになるのは、今回が初めてです。私は、日本代表のさらなる飛躍を願ってやみません。しかし、ジョセフ氏は、経験という面から、心もとなさは拭えないと思います」[1]

前任者の後任に対する評価が厳しくなるのは、ビジネスマンの世界でもありがちなことではあります。ただ日本代表の外国人の歴代ヘッドコーチに比べ、ジェイミーの経歴がきらびやかさに欠けたのも事実です。

2007年、2011年の2度のワールドカップで、日本代表チームを率いたジョン・

カーワンは、ニュージーランド代表オールブラックスのウィングとしての伝説的な活躍に加え、イタリア代表チームのヘッドコーチを経験したうえで、日本代表のヘッドコーチに就いています。

カーワンの後を受けたエディーも、現役時代こそオーストラリア代表には届きませんでしたが、オーストラリア代表のヘッドコーチとして2003年ワールドカップで準優勝、2007年ワールドカップは南アフリカ代表のテクニカルアドバイザーとして優勝に貢献しています。しかも日本でも、トップリーグのサントリーのGM兼ヘッドコーチとして日本選手権優勝を経験したうえで、日本代表チームのヘッドコーチに就任しているのです。

エディーの突然の辞任を受け、日本ラグビー協会が初の自国開催のワールドカップを託す人物として白羽の矢を立てたジェイミーでしたが、就任当初から経験不足を危ぶむ声はくすぶっていたのです。

日本代表を率いるようになったものの、就任以降、2016年から17年のジェイミー・ジャパンのテストマッチ（国代表同士の試合）の戦績は、決して満足いくものではありませんでした。惨憺たる戦績だったと言っても良いかもしれません。ジョージア、ルーマニア、トンガには勝利し、若手中心のフランス代表とは引き分けたものの、アルゼンチン、ウェールズ、フィジー、アイルランド（2試合）、オーストラリアという強豪にはいずれも敗れています。

世界のラグビーには、「ティア（階層）」と呼ばれる階級が厳然として存在します。ラグビー発祥国の英国を構成するイングランド、ウェールズ、スコットランド、そして北アイルランドを含むアイルランドに、フランス、イタリアを加えた欧州の6ヵ国。さらに英国の植民地だったオーストラリア、ニュージーランドに南アフリカ、アルゼンチンを加えた南半球の4ヵ国。この計10ヵ国が「ティア1」と呼ばれる強豪国で、日本はその次の「ティア2」に分類され、ティア1の壁はとてつもなく高いのです。

ワールドカップでベスト8以上に食い込むには、ティア1の強豪国と互角に渡り合い、時には勝利するだけの実力をつける必要があります。

「ティア1に勝てる力をつける」

これが2019年に向け、ジェイミー・ジャパンに課せられた使命となりました。しかし2017年までのテストマッチの結果を見る限り、道はまだまだ遠いと言わざるを得ませんでした。

前任者の影

ティア1と互角に渡り合うようになるには、ティア1の国々と恒常的に戦い、その強さに肌で接する機会を増やさなければならないのは、明らかです。欧州6ヵ国はリーグを組んで戦い、その戦いの中で、相手の強さを皮膚感覚として推し量り、相手の新たな戦術に対応する道を探り、常に切磋琢磨を繰り返し、進化しています。南半球の4ヵ国も同様に、交流するリーグを持っていました。

アジアの東端に位置し、欧州からも南半球からも地理的に離れた存在の日本は、テストマッチを組むには最も不利な条件下にあるといえます。日本のトップリーグには大学のスター選手たちが集まり、近年は南半球のティア1の国々からオフシーズンを利用して有力な選手が「出稼ぎ」に来るようにはなりました。しかしトップリーグのレベルは、ティア1のチーム同士のテストマッチの、肉を切らせて骨を断つような研ぎ澄まされた真剣勝負には、残念ながら及びません。日本代表は井の中の蛙だったのです。

「日本代表強化のためには、ティア1レベルの試合を増やさねば」

日本ラグビー協会はこのために、大きな決断をします。オーストラリア、ニュージーランド、南アフリカの南半球3ヵ国15チームで競っていたリーグ「スーパーラグビー」が2016年シーズンからチーム数を18に増やすのに合わせ、アルゼンチンとともに参戦することを決めたのです。

トップリーグの各チームを説得し、日本代表レベルの選手を集めてスーパーラグビー参戦のための新たなチーム「サンウルブズ」を結成しました。そして2018年シーズンからは日本代表ヘッドコーチのジェイミーがサンウルブズのヘッドコーチを兼務し、日本代表チーム強化の一環として、あるいは日本代表候補選手を選抜する場としてのサンウルブズの位置づけを明確にしたのです。

ところがジェイミー率いるサンウルブズは、2月24日から始まった2018年シーズンも、ファンの期待に反して負け続けました。2月、3月、4月と1勝もできず、チームの雰囲気も落ち込みました。こうなると負の連鎖が始まります。日本人選手が集まると、「こんなんでは勝てませんよ」と、ジェイミーの戦術や選手起用に対する不満が公然と語られるようになっていました。

私はジェイミーからサンウルブズの強化について何度も相談を受けていました。彼はラグビーに関しては自分のスタイルを絶対に曲げない頑固さを持つ人間です。コーチによっては有力選手の顔色をうかがうような人もいますが、ジェイミーは選手に媚びるということがありません。だから最初はぶつかり、選手が彼を理解してチームがまとまるまでには時間がかかります。

主将のリーチ・マイケルもワールドカップ中に放映されたNHKの特別番組の中でジェイミーについてこう語っています。

「ボクとジェイミーはすごくケンカが多かった。もう毎回リーダーグループでバトルしまくっていて。(中略) 自分のフィーリングで決めたり。強いからジェイミー。曲げるのはチョー大変[2]」

リーチのように、エディーが日本代表チームのヘッドコーチ時代に、ワールドカップの場で南アフリカを破った「成功体験」を味わっている選手は、どうしてもエディーとジェイミーのやり方を比較するわけです。ジェイミーはエディーの手法を踏襲するつもりはまったくなく、むしろエディー流を払拭しなければならないと考えていました。しかしチームには、前任者エディーの影がずっとちらついていたので、それが結構きつかったようでした。

私は当時、宗像サニックスの監督をしていたのですが、ジェイミーの強い要請を受け、監督を兼務したまま2018年初めからサンウルブズの「キャンペーン・ディレクター」という肩書でジェイミーをサポートし、シーズン途中からサンウルブズのGMとして本格的に関わることになりました。2019年1月からは日本ラグビー協会の強化副委員長、8月からは強化委員長として日本代表チームの強化に取り組むことになります。

人の補佐や、黒子の役は、私には向いていないと、今でも思っています。監督やヘッドコーチをサポートするのは、私の役割ではないと思ってきました。しかし一方で、自国開催のワールドカップに関わる機会はおそらくもうないだろうとも思いました。何よりもジェイミーがやるのだから、これにすべてをかけて黒子に徹してみよう、という気持ちになったわけです。ジェイミーからの要請でなかったら、おそらく受けていなかったと思います。

訪れた転機

後から振り返ると、負の連鎖に陥っていたジェイミー率いるチームが、前を見つめて歩み始める転機となったことがありました。サンウルブズがどん底にあえいでいた2018年4月14日のことです。秩父宮ラグビー場でブルーズ相手に10対24で開幕から7連敗目を喫した日がそれだった、と私は感じています。

試合後のアフターマッチファンクションで、私は堀江翔太に「飲みに行こう」と声をかけました。堀江がそれまでもときどき、「自分は日本代表になれればいいんで」とサンウルブズでのプレーに対して冷めた発言をしていたのが気になっていたからです。

東京メトロ東西線の東陽町駅近くの居酒屋には、堀江が誘った日本人選手10人ほどが顔をそろえ、スクラムコーチの長谷川慎も来てくれていました。酔いが回るにつれて、選手たちに日ごろ鬱積していた不満が噴出し始めました。大半はサンウルブズの選手起用が外国人選手に偏り、自分が試合に出場できないことへの不満でした。

ジェイミーの構想では、サンウルブズは最初のうちは彼のコントロールしやすい外国人選手中心のメンバーで戦い、勝ち始めて勢いがついたところで、その中に日本人選手を1人、2人と混ぜていき、経験を積ませるつもりでした。ところがシーズン当初からの敗戦続きで、この構想が大きく崩れてしまったわけです。私はジェイミーの当初の構想をできるだけ丁寧に説明したうえで、言いました。

「試合に出られないことは、自分たちで努力して解決しろよ。だけど、練習でこれを変えてほしいなどという提案は、俺が全部ジェイミーに伝えて、できる限り実現するようにするから」

彼らと話すと「言っていることがコロコロ変わる」という不満が多いのに驚きました。コーチの言っていることが、状況に応じて変化するのはニュージーランドのチームでは日常茶飯事です。でも日本人選手は生真面目だから「これは以前はこう言ってたやん」というようにコーチの発言を全部覚えているわけです。前任のエディーのように、発言が変わろうが何しようが力ずくでやらせるなら別ですが、そうでなければ丁寧に一つずつ説明して理解させ、納得させなければ、日本人選手とはうまくいかないわけです。不信感を抱いて向こうを向いてしまった選手の気持ちを、もう一度、一つずつひっくり返していく。

その役割を担う人間がいないと、外国人コーチは絶対にうまくいかないというのが、私がこれまで宗像サニックスなどで外国人コーチや選手とともにチーム作りをしてきて得た結論でした。

この夜、選手たちが日本語でジェイミー体制への不満を徹底的に吐き出すことができたのが、結果的には良かったのかもしれません。

私は翌日、ジェイミーに「なぜこの練習が必要なのか」という説明をもっと丁寧にしたほうが良い、と伝えました。私からのいくつかの提案を受けたジェイミーが直ちに提案をすべて実行に移したのも、日本人選手のムードを一変させるのに効果がありました。

振り返ると、私の役割は黒子として、あるときはジェイミーと日本人選手の間の緩衝材であり、あるときは接着剤であったように思います。

私は天理高校、名城大とラグビー部に所属し、卒業後は名古屋の青果市場で働いていたのですが、ラグビーができると聞いて西日本社会人リーグに所属していた「ニコニコドー」に飛び込み、その後、ニコニコドーのラグビー部が休部になったため、サニックスに移ってきました。サンウルブズに所属する多くの日本人選手たちのように、ラグビーの名門と言われる大学で名を馳せ、トップリーグの名門チームに迎えられるようなラグビー・エリートの人生を歩んできたわけではありません。

しかしジェイミーとエリート選手たちの間に立つ黒子としては、名門大学やトップリーグなどでの余計なしがらみがないのが、かえってプラスに作用している面があるようにも感じています。宗像サニックスの監督として、グラウンドでの練習を統括するだけでなく、選手との契約などフロント業務も経験してきたことが、ここにきて生きているのかもしれません。選手たちは、私が日本ラグビー協会幹部たちと先輩後輩などのしがらみが薄く、現場を最優先していると、徐々に理解してきてくれたように思います。

キーマン

堀江翔太が日本人選手をまとめるキーマンだと思っています。もちろんリーチや流大、田中史朗らリーダーシップを備えた存在は他にもいます。しかし堀江という選手は、自分の体の管理に対しても、ラグビーに対しても、ものすごく真摯に向き合い、本当の意味でプロフェッショナルです。他の日本人選手は彼のそんな姿勢を普段から見て、見習っているから、堀江が納得しさえすれば、チーム全体にそれが広がるようなところがあります。だから堀江のようにチームの柱となる選手がジェイミーの言葉に納得し、自ら引っ張っていく姿勢を示さないと、チームはバラバラになる危険性があったのです。

堀江はすごく「気にしい」の側面がある男です。たとえば前回の試合は（80分のゲーム時間のうち）65分まで出場したのに、今回は60分で替えられたけど、何か悪かったのではないかなど、自分のプレーに対してものすごく繊細です。

堀江から私の携帯電話に連絡が入って飲みに誘われるときには、彼の中で何かジェイミーやチームに対して納得できないグレーな部分があるときなのです。彼の中でモヤモヤして納得できていない部分の話を聞いて、十分に説明をして「グレーの状態」をなくすようにしてやったら、彼のプレーは翌週には驚くほど良くなるのです。1週間、2週間で見違えるほど変わります。ジェイミーはワールドカップの最終局面で、「彼は国際レベルでトップクラスのフッカーだ」とほめていたくらい堀江を信頼していました。ジェイミーの信頼を堀江に伝え、理解させる作業が必要なのです。

もう一人、サンウルブズで大きく変化した日本人選手に中村亮土がいます。彼はタフな男で、練習でも試合でも常に全力で取り組みます。波がない選手です。

彼とは休みの前日などに一緒に飲みに行っていました。サンウルブズのメンバーは皆、日本代表チームでワールドカップに出ることを目指していますが、代表チームに選出されるかどうかの保証はまったくないわけです。その意味では、彼らはサンウルブズの試合で毎回、テストを受けているようなもので、常に不安定な状態に置かれています。私はしばしば彼に言いました。

「小指一本でも（代表メンバーに選ばれる可能性が）かかっているなら、頑張らないと」

正直に言えば、私はサンウルブズでの彼のプレーを見ていて、日本代表に残れるかどうか危ういな、と疑問をもっていました。でも彼の肉体的、精神的タフさは、数週間の長丁場となるワールドカップでは想像以上に貴重でした。ワールドカップのメンバーに選ばれるどころか、すべての試合にセンターとして出場して、巨漢相手に突き刺さるような彼のタックルで、日本が救われたことが何度もありました。彼はサンウルブズで大きく成長したと思います。

快進撃

4月14日の東陽町の居酒屋での会合を境に、サンウルブズの雰囲気は明らかに変わりました。堀江を筆頭に、日本人選手らが前向きに練習に取り組む姿勢を見せ、続く2試合は敗れこそしたものの、私はチームが浮上する手ごたえを十分に感じていました。おそらく選手のほうがもっと感じていたと思います。5月に入ると秩父宮ラグビー場でのレッズ戦、香港でのストーマーズ戦と、サンウルブズ結成以来、初めて連勝したのです。香港での試合の後は、ロッカールームに歓声が湧き起こり、ジェイミーも大喜びしていました。サンウルブズは明らかに変わったと確信しました。

そしてそのサンウルブズの選手らが主体となった日本代表チームは、6月にイタリア代表とジョージア代表を日本に迎えてテストマッチを行い、イタリアとは1勝1敗、ジョージアを零封して日本のファンにも変化をクッキリと印象付けることができました。

その後の9月に行われた日本代表チームの和歌山での合宿は、4日間と短く、練習よりもミーティングに重点が置かれました。私は参加できませんでしたが、ジェイミーはリーチら日本人選手たちとじっくり話し合いを持ち、さらに相互の理解が進んだようです。

和歌山合宿の後の会見で、ジェイミーは語っています。

「互いの持っている文化的特性の強みと弱みを認識させて、そこに適合していく。一人ひとりの持っている特性を最大限に引き出して力に変えるのが狙いでした」

また流大も成果をこう分析していました。

「自分たちが勝つためには何が必要か、1日中話してました。ジェイミーがどう考えてるか、何が必要かが分かってきた[3]」


11月に東京・味の素スタジアムにニュージーランド代表、オールブラックスを迎えてのテストマッチは、31対69で敗れました。当時、世界ランキング11位の日本代表はランキング1位のオールブラックスに対して、テストマッチ6戦全敗となりました。しかし過去5試合でオールブラックスから奪ったトライがわずか4であったのに、この試合だけで5トライを挙げ、31得点は過去最多得点でした。選手たちは自分たちの攻撃パターンがティア1レベルでも十分通用することを実感することができ、「ジェイミー流のこのやり方でいけばいいんだ」という手ごたえを感じ取ったようです。

代表チームは同じ11月に英国に遠征し、エディー率いるイングランド、そしてロシアとテストマッチ2試合を戦いました。ロンドン郊外のトゥイッケナム競技場に8万人の観衆を集めた世界ランキング4位のイングランドとの対戦は、前半を日本代表が15対10とリードして折り返しました。しかし後半はイングランドの猛攻に25点を奪われ、15対35と逆転負けを喫しました。

エディーが「心もとなさは拭えない」と酷評したジェイミー率いる日本代表は、少なくとも前半の40分間、エディーの心胆を寒からしめ、イングランドに対して勝利まであと一歩のところに迫るだけの力をつけてきたことを証明してみせました。そして1週間後のロシア戦は32対27で、当然のように勝利しました。

ジェイミー・ジャパンはようやくどん底から抜け出し、目標にしていた「ティア1に勝てるチーム」へと駆け上る道が、目の前に立ち現れてきました。

第3章 情報戦

【藪木宏之の証言】

「君しかいない」

　スクラムコーチの長谷川慎は横浜・日産スタジアムのピッチにいました。台風19号で開催が危ぶまれたスコットランド戦（２０１９年10月13日）の前、試合会場となる芝生の上で四つん這いになり、両手、両足の指で芝生の状態を確認するためです。長谷川はワールドカップ終了後のスポーツ雑誌のインタビューで語っています。

「表面はいい感じでした。ただ、その下はぬかるんでいるかどうかわからなかったので爪を立ててみた。そこが柔らかかったらスパイクのポイントが20ミリのほうがいいケースもあるし、固ければ18ミリ、16ミリでもいいよとアドバイスします」[1]

　ポイントとは、ピッチの芝面をがっちり捉えるため、スパイクの底面に打ってある鋲のような突起のことです。現代ラグビーは、まさにミリ単位の勝負になっています。それだけに試合前の情報収集が重要な役割を果たします。

　ワールドカップは、各国の精緻な情報戦でもあります。今回のワールドカップでも、日本代表チーム31人のうち、次の試合に出場しないメンバーは、情報戦でチームに貢献していました。次なる対戦相手のプレーの特徴をビデオで研究し、その動きを精密に再現するのです。アタック、ディフェンス、ラインアウトの動きはもちろん、再現の対象はスクラムの高さや組む姿勢にまで及びます。彼らが次の対戦相手のコピーとなって、出場選手の練習台をつとめるわけです。

私が現役のころは、情報戦といってもせいぜい相手チームの試合の映像を見て、バックスラインが浅いか深いか、キックを多用するかどうかなどを調べる程度でした。しかし現代ラグビーではまったく様相が異なります。スクラムを組む際の足の位置、バックスがディフェンスラインに立つ際に半歩ずれているかどうか。スクラム、ラインアウト、モール……。あらゆる場面でどんな戦法を使ってくるかの情報を事前に入手できるかどうかが、時として勝敗に直結する死活的違いを生むようになりました。それだけにジェイミー・ジョセフらコーチ陣は手の内を知られる恐れのある情報流出に神経をとがらせていました。戦闘集団を率いるリーダーとしては、ある意味で当然の行動でした。

一方でメディアはチームに関するあらゆる情報を得ようと鎬を削っていました。他社が知らない情報を伝えたい。それはジャーナリストの性でもあります。ただメディアが何気なく流したラインアウトの映像によって、相手チームに手の内を知られることになったのではないか、と問題になったことが過去のワールドカップではありました。

今回のチームでも、長谷川は8対8のスクラム練習を、メディアが遠くから撮影することには寛容でしたが、フロントロー3人の足の位置や、相手と接触する際の角度がわかるような撮影は、絶対に許可しませんでした。何事にも鷹揚な男が、この点に関しては極度に神経を使っていたと思います。


不協和音はチームの内部ばかりではありませんでした。ワールドカップが近づくにつれ、チームと、取材するメディアとの間でも不協和音がきかれるようになっていました。

2019年1月23日。私は日本ラグビー協会の専務理事、坂本典幸さんと向かい合っていました。

「君しかいない。行ってくれないか」

ある程度、予想はしていました。協会の広報部長としての仕事と、代表チームのメディア担当の仕事を両立させられるだろうかと、自分の内で不安が広がりました。しかし、他の選択肢はありそうにありませんでした。

1970年代から80年代にかけ、大学ラグビーが冬のスポーツの華だった時代がありました。早稲田の宿澤広朗、明治の松尾雄治、慶應の上田昭夫、同志社の平尾誠二ら人気選手がファンを魅了し、ラグビー特有のアマチュアリズムが支持されて高校ラグビー部を舞台にしたテレビ・ドラマが人気を博した時代です。社会人ラグビーも新日鐵釜石、神戸製鋼の日本選手権7連覇などで人気が沸騰し、国立競技場や秩父宮ラグビー場は満員のファンであふれかえっていました。しかし90年代に入ると、Jリーグ設立などによるサッカーブームに押されるように、ラグビー人気は下降線をたどってきたのです。

それだけに、初めて日本で開催されるワールドカップという一大イベントで、メディアのサポートが不可欠だと思っていました。開催まで約8ヵ月。野球、サッカーなど他の球技と比べて、幅広いファンを獲得できていないラグビーというスポーツの持つ素晴らしさを、一人でも多くの日本人に理解してほしい。ラグビーの魅力に触れてもらうことによって日本代表チームへの理解が深まり、ワールドカップの国民的盛り上がりにつながるに違いない。それには何よりもまず、メディアの担当記者に最初のファンになってもらい、代表チームの味方になってもらうことが不可欠だろう。日本ラグビー協会の広報を担う部長として、そう考えていました。

メディアの不満

しかし、代表チームを取り巻く現実は、逆の方向に動きつつありました。表面化したのは、約1ヵ月前の2018年12月17日のことです。

メディアのラグビー担当記者たちで作る「東京運動記者クラブラグビー分科会」という組織があります。その日、坂本さんと私はラグビー協会2階の会議室で、その分科会の代表者たちとの話し合いに臨みました。

日本代表チームは11月3日の東京・味の素スタジアムにおけるニュージーランド代表オールブラックス、英国に移動してイングランド代表（11月17日）、ロシア代表（11月24日）と、テストマッチの3連戦をこなしていました。勝利はロシア戦だけでしたが、オールブラックス戦、イングランド戦ともに大きな収穫をあげ、我々はジェイミー・ジャパンのチーム作りの手ごたえを感じていたことは、前章で書いているとおりです。国内では日本選手権の決勝戦が12月15日に終了し、選手たちはつかの間の休みに入った時期でした。

坂本さんと私に対するメディア代表の皆さんの舌鋒は想像以上に鋭いものがありました。以前からジェイミー・ジャパンとメディアの間は、必ずしもしっくりいってはいませんでした。前任のエディー・ジョーンズが気軽にメディア取材に応じたのに比べ、ジェイミーはメディア対応にあまり時間を割いてきませんでした。ジェイミーの巨体から発する威圧感が、本人の意識とは関係なく、近寄りがたい雰囲気を醸し出してもいました。チーム作りに忙しく、メディア対応に心を配る余裕がなかったというのが正直なところだったかもしれません。

「充分な取材対応がなされていない」

メディアの記者たちが抱き続けてきたそんな不満が、11月の英国遠征で一気に噴出したと言えます。

ワールドカップ開催まで1年を切った段階での英国遠征とあって、多くのメディアが日本からラグビー担当記者を同行させていました。飛行機代、滞在費などをかけての海外取材だけに、記者の皆さんも読みごたえのある原稿を、それなりの分量で出稿したいと意気込んで出かけてきました。

記者は基本的に取材対象を好きになります。頻繁に接触するから理解が深まるし、応援したい気持ちが芽生えてくるのでしょう。好きにならなければやっておれないという事情もあるかもしれません。政治記者なら担当する派閥の論理に知らず知らずのうちに染まり、社会部の事件記者なら刑事と同じ波長で考えるようになると聞きます。スポーツ担当も同じで、野球の巨人軍担当記者はジャイアンツを応援するようになり、相撲担当記者は大相撲のファンになることが多いようです。私が日々、接するラグビー担当記者も同じような側面があります。彼らはラグビーが好きになり、日本代表には何とか強くなってほしいと思い、日本開催のワールドカップをラグビー人気浮揚の起爆剤にしたい、と心から願っていました。

「練習の冒頭10分間だけの取材では、面白い記事になるような材料は集まらない。選手はボールさえ持っておらず、被写体としても使えない」

「ヘッドコーチらからそのときどきの旬のコメントが聞けないなら、わざわざ海外まで出張する意味がない」

記者さんたちの言葉は切実でしたし、ある意味で当然でもありました。

メディアも代表チームと目指すところは同じだと思っています。代表チームに強くなって、ワールドカップでベスト8に入ってほしい。日本初のワールドカップを成功させ、ラグビー人気を高めたい。それは自分の書いた記事が媒体に大きく掲載されることにつながり、大きく掲載されれば注目度が上がり、人気が出るという好循環が生まれる。記者さんたちが取材活動を通じて、永年養ってきた皮膚感覚がそう教えているようでした。

「サッカーとは知名度、人気が違うので、もっと紙面への露出を増やして人気を盛りあげたほうが良い。この（メディア対応の）ままではラグビーに関する報道は縮小してしまい、海外への出張取材もできなくなる」

　現役を引退後、神戸製鋼所でずっと広報に携わってきた私は、こういう記者さんたちの気持ちが痛いほど理解できました。同時に企業広報とスポーツチームの広報の違いを身に染みて感じてもいました。スポーツ広報は、どんなに巧みに広報しても、そのチーム自体の結果が伴わなければ、うまくいきません。勝てば持ち上げられ、負ければ叩かれる。それがスポーツ広報の宿命だといえます。

　それだけにジェイミーが日本代表チームとサンウルブズのヘッドコーチを兼務し、11月のニュージーランド、イングランド、ロシアの3つのテストマッチで、チームにやっと上昇ムードが芽生え始めた今こそ、メディアを味方につけねばならない。そう感じていました。

しかし2019年に入ると、担当記者たちの不満を反映したように、全国紙やスポーツ紙に、ラグビー協会に対する厳しい内容のコラムが目につくようにもなりました。不必要な軋轢を避け、メディアとの良好な関係を築くためには、ジェイミーとメディアとの間の風通しを良くする存在が必要だ。私は覚悟を決めました。

400円のタヌキそば

2019年2月3日夕。1ヵ月半の休暇を終え、日本代表チームの候補メンバーは翌日からキヤノンスポーツパーク（東京都町田市）のグラウンドで始まる合宿に参加するため、多摩センター駅にほど近いホテルに集合していました。私もかけつけました。いよいよ日本代表チームのメディア担当の始まりです。

田中史朗から以前から代表チームにいる選手は、よく知っていました。しかし新たに招集された若い選手たちは、「今日から新しい仲間が加わることになった」と紹介されたスーツ姿の中年男が誰なのか、理解している人はほとんどいなかったと思います。まして身長

167センチとラグビー選手としては小柄な私を見て、かつて神戸製鋼ラグビー部で日本選手権7連覇を経験したとは、誰も思わなかったと思います。

私はメンバーを前にこんな挨拶をしました。

「ワールドカップの日本開催で、多くのメディアが取材にやってきます。あるときには君たちに取材対応をお願いしますし、あるときはメディアから君たちを全力で守ります。バランスの取れた広報をしたいと思っています」

この日から生活パターンが劇的に変わりました。私は2005年に東京勤務を命じられて以来、兵庫県西宮市に妻と娘を残して東京・江東区内の神戸製鋼所の寮で単身赴任生活を続けています。赴任当時3歳だった娘は、すでに大学受験を迎えていました。

この寮を午前7時ごろに出て、地下鉄と電車を乗り継いで1時間以上かけてキヤノンスポーツパークに通う生活が始まりました。取材に集まったメディアの記者さんとともに、午前9時半から約2時間の練習を見守り、その間に受けた個別の選手への取材要請を調整します。選手には、クールダウン、食事、ストレッチなどの時間帯を除き、休息時間帯に個別取材に応じてくれるように頼んで回らねばなりません。午後1時からの個別取材に立ち会い、ホテルを離れるのは午後2時を回ります。

午前中、不在にしている私の本来の仕事、日本ラグビー協会広報部長としての仕事がオフィスには溜まっています。この処理のため、再び1時間かけて東京・港区にある日本ラグビー協会まで戻る途中、乗り換えの明大前駅構内の蕎麦屋で、400円のタヌキそばをすするのが、私のささやかな楽しみとなりました。

日本代表チームには、2015年のイングランド大会で南アフリカに劇的勝利を挙げ、メディアのスポットライトがあてられた時期があります。キックを蹴る前の五郎丸歩の独特のルーティン・ポーズが人気を集め、テレビCMにまで登場し、ラグビースクールには入会希望のチビッ子が殺到しました。

しかし我々が期待したラグビー・ブームは、長くは続きませんでした。2016年に日本代表チームが、スコットランド、アルゼンチン、ウェールズ、フィジーなどとのテストマッチに相次いで敗れると、メディアの関心は潮が引くように去っていきました。勝たなければ見向きもされなくなる。広報を担当していて、スポーツ広報の残酷な現実を感じさせられました。

メディアの関心がいかに移ろいやすいものかを、身に染みて感じていた人たちが私以外にもいました。リーチ・マイケル、堀江翔太、田中史朗ら２０１５年の代表チームにいた選手たちです。彼らはもてはやされたとき、急速に関心が薄れ、見向きもされなくなったときの両方を知っているだけに、メディアとの関係の大切さを実感していました。疲れの極にあるときでも、彼らは私の要請に快く応じ、メディアの個別取材に丁寧に対応してくれていました。

メディアのインタビューに答えていた堀江が、同席していた私の顔をチラッと見ながら言った言葉を、うれしく聞いたことを覚えています。

「メディアの皆さんは俺らをどんどん利用してもらったらええんですよ」

メディアと代表チームとの関係も徐々にではありますが、うまく回転し始めていました。

森の乱

そんなときにメディアを驚愕させる事態が起きました。背景はいまだに不明な部分が残りますが、ワールドカップ開催を目前に控えた時期の異様な出来事ではあるので、事実関係を記しておかないわけにいかないと思います。

２０１９年4月17日午後5時から日本ラグビー協会2階で開催された理事会には、岡村正会長、坂本専務理事をはじめ理事21人が出席していました。特任理事だった私も出席していました。

予定の議題が終わりに差し掛かった午後6時過ぎになって、名誉会長の森喜朗さんが姿を現しました。幹部の方たちは森さんの出席を事前に知らされていたのかもしれませんが、私には唐突に映りました。２０１５年に会長を退いて以来、森さんが理事会に出席されるのは2度目のことだと思います。発言を求めた森さんは、自らが会長を務める東京オリンピック・パラリンピック競技大会組織委員会の仕事を引き合いに出して言われました。

「私はオリ・パラに専念するため、（ラグビー協会の）名誉会長は今日をもって辞任します。名誉会長のポジションは空いています」

「ワールドカップに向けて、もっともっと盛り上げるために、協会は若返りを図らなければなりません」

メディアが後に「森の乱」と呼ぶようになる、この日の突然の森さんの発言の背景は不明です。結局、この発言をきっかけにラグビー協会の幹部人事が急展開を見せ、6月末には名誉会長に岡村さんが就き、後任の会長には元日本代表チーム主将を務めた森重隆さん、副会長に早稲田大、ヤマハ発動機などで監督を務めた清宮克幸さん、専務理事に7人制日本代表監督の岩渕健輔さんが就任するなど若返り人事が決まりました。

ワールドカップの日本招致はもともと、2004年に任期途中で病に倒れた会長の町井徹郎さんが日本ラグビー興隆のために働きかけたものだと聞いています。町井さんの後任の森喜朗会長のときに、ワールドカップの日本開催が正式に決まりました。町井さんのバトンは森喜朗さんから、町井さんの東大ラグビー部、東芝で後輩にあたる岡村さんに、そして今、森重隆さんへと引き継がれたのです。ワールドカップ開催に向け、岡村さんは各国のラグビー関係者と関係を築き、協議を進めていました。開幕まで3ヵ月を切ったこの時点で、岡村さんが名誉会長に退くとは、担当する記者たちも予想外だったようです。

「大事な時期にどうなってるんだ」

記者たちにも戸惑いが広がっていました。

私も戸惑いましたが、それ以上に選手たちに動揺が広がるのを懸念しました。

しかし懸念は杞憂に終わりました。選手には、協会の体制変更の影響はほとんど見られず、選手間で大きな話題にもなりませんでした。むしろプロ化などへの動きが加速することへの期待感を語る選手もいました。外部の不協和音には踊らされないだけの、チームに対する確固たる信頼が、選手一人ひとりに生まれつつあると感じました。

そして待望の結果が出始めました。7月から8月にかけて開催された環太平洋地域のティア2国の国際大会「パシフィック・ネーションズカップ」で、日本代表はフィジー、トンガ、アメリカ代表を撃破して優勝したのです。

第4章 地獄の猛練習

【藤井雄一郎の証言】

ONE TEAMの誕生

日本のハンバーガーショップでおなじみの「テリヤキバーガー」は、東南アジア諸国でも人気商品です。ただ商品名は「テリヤキ」ではなく、「将軍バーガー」であったり、「サムライバーガー」であったりするそうです。このテリヤキバーガーこそ「グローカル化」の好例としてよく引き合いに出されます。

「グローカル」とは地球規模を意味する「グローバル」と、地域を意味する「ローカル」をかけ合わせた造語です。もともとは日本企業の海外進出が盛んになった1980年代に、「地球規模の視野で考えながらも地域的視点を忘れずに行動する」という日本企業が現地化する際の理念として作られたと聞きました。テリヤキバーガーを国際展開する際に、「テリヤキ」では日本発祥のバーガーとは理解されないから、「将軍」「サムライ」といった言葉を冠したというところでしょうか。

ジェイミーは、日本人選手と外国人選手を一つのチームに融合させる象徴的概念として、ワールドカップを通じてこの用語「グローカル」を活用しました。

ラグビーの国代表の選手資格は独特なものがあります。まず他国の代表メンバーとなったことがないことが前提となります。そのうえで、日本代表であれば、出生地が日本であるか、両親または祖父母のうち一人が日本出身であるか、日本に3年以上居住（2020年末から5年に変更）しているか、のいずれかの条件がクリアできれば、代表となる資格が得られます。キャプテンのリーチ・マイケルの出身はニュージーランドで、父親はスコットランド系白人、母親はフィジー出身ですが、高校時代から16年間、日本に住んでおり、十分に日本代表となる資格を備えているわけです。もともとラグビー発祥の地、英国が大英帝国として世界に覇を唱える過程で、ニュージーランド、オーストラリア、カナダなどにラグビーが普及し、その地に渡った英国人が、各国代表としてプレーするために作られたルールに端を発していると言われています。

今回ワールドカップの日本代表メンバー31人の出身国は、日本16人、トンガ、ニュージーランド各5人、南アフリカ2人、韓国、オーストラリア、サモア各1人の7ヵ国に及びました。前回2015年ワールドカップのときの日本代表チーム31人の構成は、日本人が21人、残りの出身国はニュージーランド（7人）、トンガ（2人）、オーストラリア（1

人）ですから、4年間でさらに「グローバル化」が進んだと言えます。

2019年6月時点で、日本代表候補として宮崎合宿に招集されたのは、フィジー出身の選手が加わって8ヵ国、41人でした。ジェイミーは様々な文化的バックグラウンドを持った41人を融合させ、多様性の中から、日本という単一文化だけでは生み出しえない強さが創造できると信じていました。

この多様性についてはリーチも後に、スポーツ雑誌のインタビューにこう答えています。

「いろいろな国の選手が集まって、それぞれの良さを活かすには、ハイブリッドといえばいいかな、日本の器に、日本産の素材も外国産の素材も入れて、新しい味を作り出すイメージ。ただ、ベースは日本のものであるべきです。外国出身の選手も、日本人のやり方を尊重したうえで、自分の個性を出していく」[1]

日本代表チームのスローガンとしては「ONE TEAM」が有名になりました。「ONE TEAM」は、ジェイミーが選手たちに「お前たちはどんなチームになりたいのか」と尋ね、選手たちが話し合って出した答えです。2016年10月28日、1週間後に控えたアルゼンチン代表戦、それに続く欧州遠征のメンバー発表の記者会見の席で、チーム・スローガンとしてお披露目されました。

ただこの時点では、ＯＮＥ ＴＥＡＭはあくまで最終的な目標とするべきスローガンでしかありませんでした。ジェイミーは、日本代表が本当のＯＮＥ ＴＥＡＭに成長するための方策として、「グローカル」という概念をチームに持ち込んだと言えます。

グローカルとリーダーズ

日本代表チームはワールドカップ前の総仕上げとして２０１９年６月９日から７月17日まで３次にわたる宮崎合宿を行い、その後８月18日から28日までの網走合宿で、41人の候補選手から、最終的にワールドカップに出場する代表チーム31人に絞り込みました。

宮崎、網走の２つの合宿は、選手やメディアが「地獄の猛練習」と呼び、肉体の限界にまで追い込むフィジカルな過酷さに焦点が当たりました。しかし私は、この合宿の本当の意義は、ジェイミーの目指す「グローカル化」がチームに浸透したことではないか、と思っています。

ジェイミーは宮崎合宿で、ブルー、レッド、イエロー、グリーンの4色の「グローカル・チーム」なるものを作りました。宮崎に集められた41人は、国籍の違いばかりでなく、ワールドカップを経験したことのある人と未経験の人、サンウルブズのメンバーだった人とそうでない人、前回のエディーの時代を経験している人と知らない人、出身のトップリーグチームで社員の人とプロ契約の人……、様々な人がいるわけです。国籍、ポジションを含めてバラバラなバックグラウンドを持つ約10人ずつを組み合わせ、一つのグローカル・チームを構成するように4つのグループに分けたのです。

このチームはたとえばフィットネスの練習でもチーム同士で競争して、1位から4位まで順位をつけます。順位に応じてポイントが得られ、それをチームごとに貯めていくシステムで競争するわけです。夕食前には15分間くらい、グローカル・ミーティングと称して4チーム対抗のゲームをしたり、あらゆる場面でチーム単位の行動が義務付けられました。

4チームはそれぞれの色の揃いのTシャツを作って、食事もグローカル・チームで行くようになります。そうすると知らず知らずのうちにグローカル・チーム内のコミュニケーションが良くなり、自然と国籍や文化の違いが薄らいでいくのです。

ジェイミーはＮＨＫのインタビューに答えて、グローカルの意義を語っています。

「私たちは全員が日本人ではないが、日本のために戦う。そのためには互いの価値を認め合うべきだ」

「家族のようになるのはたやすいことではないが、強豪に勝つためには固く団結するしかない[2]」

ジェイミーは41人の集団を一気に融合させるのは難しいと考え、10人ほどの小集団を作って、まずその中で様々な文化の融合を体験させ、次にそれを41人全体の融合につなげるという段階を踏んだのです。

私は、グローカル・チームの活動を通して、選手の間に自分と異なる文化を理解し、尊重する気持ちが知らず知らずのうちに生まれてきたと思います。文化的なバックグラウンドが違っても、お互いに認め合い、信頼する強固な絆が育まれたのが、宮崎、網走合宿の最大の成果ではないかと思っています。

ジェイミーは「グローカル」のほかに、チーム内にもう一つグループを作りました。それが「リーダーズ」と呼ばれる集団です。リーダーズは何度か入れ替わりがありましたが、最終的には、フォワードからリーチ・マイケル、稲垣啓太、ピーター・ラブスカフニ、バックスからは流大、田村優、中村亮土、ラファエレ・ティモシーの計7人で構成されていました。

ラグビーというスポーツは野球のように監督が一球ごとにサインを出して指示を送ることはできません。アメリカンフットボールのように、攻撃ごとに集まってハドルを組み、戦術パターンを確認することもできません。攻守が激しく入れ替わる流れの中で、選手一人ひとりが状況を瞬時に判断して対応する。15個の瞬時の判断が集まってチームとしての動きが生まれる。そこにはヘッドコーチの意向が入り込む余地も時間もないのです。

ですからジェイミーはミーティングなどでも常に言っていました。

「試合中にリーダーシップを発揮し、判断をするのはヘッドコーチではなく、選手だ」

「最も重要なことは、一人一人が的確な判断をくだせるかだ。世界の強豪に勝つにはリスクを恐れず判断しなければならない」

ラグビーの歴史

ワールドカップの優勝トロフィーは、「ウェッブ・エリス杯」と呼ばれます。2017年にイングランドを出発し、2年間かけて世界20ヵ国を回る「トロフィー・ツアー」の最後に日本に到着しました。このトロフィーの名前の由来となったウィリアム・ウェッブ・エリス少年は1823年、イングランドのエリート養成のためのパブリックスクール「ラグビー校」でフットボールをしていたときに、突如、ボールを抱えてゴールめがけて走り出したという伝説の主です。エリス少年がボールを抱えて走った最初の人物かどうか、真偽のほどは不明ですが、この行為がきっかけで生まれたスポーツは、パブリックスクールの名にちなんで「ラグビー」と名付けられました。伝説の主、エリス少年はラグビーの創始者としてワールドカップの優勝トロフィーに、その名を冠されるようになったわけです。

英国のエリート子弟はイートン、ハロー、ラグビーなどの名門パブリックスクールからケンブリッジ、オックスフォード大学で学ぶのが定番のコースになっています。ラグビーというスポーツは、パブリックスクールの生徒たちに身体の鍛錬とともに、規則、公正、忍耐、団結など、将来の英国を背負って立つリーダーたるに必要な精神を身につけさせるのが目的だったと言われています。

第一次世界大戦で、パブリックスクール出身者は士官として多数従軍し、職業軍人と比較して兵の統率ではむしろ優れていたと評価されました。常に兵の先頭に立つ彼らの死傷率は、職業軍人と比較して格段に高かったと言われています。

東京・吉祥寺にある成蹊大学ラグビーグラウンドに建てられた石碑には、英国の詩人、スコットが書いた「第一次大戦のラガー戦死者に贈る」と題する詩の一節が刻まれていま す。成蹊大ラグビー部ＯＢが英国のパブリックスクールにあった碑に感銘を受け、１９６４年に建立したそうです。

栄誉ある勤めの為し遂げられた時に於てすら
我々は君達の名声を思はふとはしない
又君達が戦ひに勝った事を思ふものでもない

だが君達が唯戦ったと言ふ事　それから君達の
あの楽しげな高らかな笑ひとを思ふ
君達は賞讃とか非難とか言ふ事がこの上もなく嫌ひである
だから我々は君達の碑に刻む
"He Played The Game"

日本にも「文武両道」という言葉があります。ラグビーという競技は出発点からして、強靭な肉体と精神を兼ね備え、将来の英国社会を牽引していく文武のバランスが取れたリーダーを育成するという教育的側面が色濃くありました。このスポーツに対して、フェアプレー精神やアマチュアリズムの精神を感じる人がいる反面、ある種のエリート臭を感じる人たちがいるのは、その出発点に由来しているのかもしれません。ただラグビーという競技も変容を続けていますし、社会の中での位置づけも変化します。今回のワールドカップの成功は、日本社会におけるラグビーの位置を大きく変える可能性を秘めています。

エディーとジェイミー

自らも1910年代後半に英国のパブリックスクールで学んだ経験を持つ英文学者で評論家の池田潔さんは、1949年に初版が発刊されたパブリックスクールの教育システムを解き明かした古典的著作『自由と規律』（岩波新書）の中で、パブリックスクールで育ったリーダーについて記しています。

「軍事評論家リデル・ハートは、彼等が『寛大な、然し部下をして狎《な》れさせない』指揮者であったというが、その緩急の気合は彼等が母校の競技場にあっておのずから会得したものであろう。放任によって一時の人気を博すことは容易であるが、それは決して心服ではあり得ない。そして指導者に対する心服なくしてティームの力量を発揮し得ないことは、戦場もまた、競技場と異らないのである[3]」

ジェイミーという指揮官は、あるときは部下に「寛大」ですが、決して部下を「狎れさせ」、部下に妥協することはありませんでした。7人のリーダーズを「心服」させ、チームの力量を存分に発揮させようとしていました。もちろんジェイミーは英国のパブリックスクールの卒業生ではありません。しかしかつて、英国のパブリックスクールの生徒たちがラグビーという競技を通して体得したように、ジェイミーもまた、ラグビーという競技を通じて、リーダーとしての資質を自然に身につけていったように思います。

日本代表チームの歴代ヘッドコーチを取材してきたスポーツライターの藤島大さんは、前任のヘッドコーチ、エディー・ジョーンズの手法についてこう評しています。

「エディー・ジョーンズのコーチングを大きくとらえて優れているのは『よく考え、よく準備して、決めたことは絶対やらせる』ところにある。これもまた、そんなの当然と言われそうだが、もっと妥協的なコーチのほうがはるかに多い」[4]

ジェイミーはエディーのようにヘッドコーチの決めたことは「絶対やらせる」という手法の人ではありませんでした。ヘッドコーチにできるのは、どんな状況下でも的確な判断を下せるリーダーたちを育てておくことだ。ジェイミーはそう考えて、リーダーズを構成したのだと思います。この点が、チームのすべてをヘッドコーチが統括・管理していた前任のエディーとの決定的な違いだろうと思います。

ラグビー協会長としてエディー、ジェイミー両ヘッドコーチの指導方法を見てきた岡村正さんは両者を評してこう言っています。

「エディーがあってジェイミーがあるんだと思っています。エディーは日本代表の体力面を強化してアタックでもディフェンスでも数的な劣位を作らないようなシステムを残していったわけです。それは非常に重要なことなので、ジェイミーはそれを引き継いだ。ただものの考え方は、エディーが強引に引っ張っていくのに対して、ジェイミーは役割をよく理解させ、よく話し合っていた。（話し合いを通じて）選手が共通の理解をすると、どういう動きをしなければいけないかがわかり、どこを鍛えればいいかを自分で考えるようになり、自主性が生まれるんです」

管理から自立へ

ジェイミーの手法を十分に理解したリーダーズは、コーチ陣抜きで、時に応じて集まっては練習方法や、戦術などについて意見を交換し、その議論をそれぞれのポジションのメンバーに伝えて浸透させる役割を担いました。リーダーズの集まりは、時間を決めてテーブルを囲むこともありましたが、誰かが声をかけてその場に集まって10分くらい立ち話をすることもありました。まさに臨機応変、場面に応じて柔軟な意見交換が進むようになっていきました。

実はリーチは股関節を痛め、宮崎合宿の前半はチームの練習に参加せず、別メニューで調整していました。キャプテンでチームの大黒柱の不在が、他のリーダーズを刺激し、自覚を持たせた点では、プラスに作用したと思います。稲垣はリーチ不在の時期について、NHKの特集番組のインタビューで答えています。

「成長するきっかけとして、リーチさんがいない間もプラスに考える必要がある。コーチに言われるまでもなく、選手同士で指摘できている。いい文化ができあがっているな、と思う[5]」

ジェイミーは戦術や練習方法などについて、リーダーズと細かく議論し、リーダーズが十分に咀嚼した内容を、それぞれ自分の担当しているメンバーに説明する。メンバーから疑問や要望が出れば、それはリーダーズが持ち寄って議論したうえでジェイミーにフィードバックされる。このシステムを築くことで、ジェイミーは試合中においても、流れの中で瞬時の判断が下せるように、選手たちの自主性を育もうとしたのです。

服装から携帯電話の使用まで、選手の生活を管理した前任者エディーのやり方とは、明らかに違う文化がチームに根付き始めていました。それはエディーという指導者が築いた土台があって初めて、花開くものであったのかもしれません。ジェイミーはエディー流の管理によるチーム作りの限界を見抜き、選手の自主性や判断力を育むことによって、いかなる状況にも対応できるしなやかな強靭さを目指したのだと思います。

リーダーズを中心にチーム運営を図ろうとするジェイミーの方針に賛同してはいましたが、私が一つ気になっていたのは堀江のことでした。堀江は実力、経験などすべてにおいて、リーダーズに入ってしかるべき人物であることは、誰もが認めていました。

繊細な男だけに「なぜリーダーズから外されたのか」と悩んでいるのではないかと、心配になったからです。そこで練習の前に堀江を呼んで、話をしました。

「ジェイミーの考えは、お前はリーダーズのもう一段上から全体を見てほしいということだ。もしお前が見ていて、リーダーズの中で乱れがあるようなら、俺に言ってくれ」

堀江はこれで納得してくれたと思います。

オンとオフ

この延長線上で、ジェイミーが前任者エディーと、まったく違う文化として持ち込んだものに、オンとオフの切り替えがあります。ジェイミーはワールドカップ出場の31人のメンバーを発表した後の2019年8月29日、日本記者クラブで行った会見で、この1年間じっくり選手を育てる過程で、初めて行った試みとして、特に「休暇」に言及しています。

「ハードワークは日本人の特徴ですが、これをずっと継続するのは無理があります。しかしオフの時間を過ごすことに日本人選手は慣れていません。私はあえて1ヵ月の休暇を彼らに取らせました」

前年の2018年シーズンの日本選手権決勝戦が行われた12月15日以降、ジェイミーは代表候補の選手たちが所属するトップリーグのチームに自ら足を運び、翌年2月3日の代表チーム集合日まで約1ヵ月半の間、候補選手に練習させないようにしてくれと頼んで回っています。日本人選手は、休暇を与えても所属チームに戻って練習してしまうことを知っていたからです。

オンとオフの切り替えの見事さは、ジェイミーが育ったニュージーランドのスポーツ文化なのかもしれません。２０１１年、２０１５年のワールドカップで、キャプテンとしてニュージーランドの連覇に貢献したリッチー・マコウや、２０１５年大会にスタンドオフとして大活躍したダン・カーターは、１年間の長期休暇をとったと聞いています。ジェイミーも試合が終われば瞬時にオフのスイッチが入り、釣りに出かけたりしていました。意識的にオフの時間を設けることで、オンのときの集中力を高める。ジェイミーはその効果を狙っていました。

だから合宿でも、エディーのときは30日間ぶっ通しの長期合宿が組まれたりしましたが、ジェイミーの宮崎合宿は10日間合宿したら、中3日空けて、再び10日間の合宿をすることを繰り返し、中3日間の休みは家族のもとに帰し、リラックスさせていました。

オンとオフの切り替えに最も戸惑ったのは、エディー時代をよく知るリーチだったかもしれません。

「コンジョレンは日本にしかない。日本人にしかできない」

リーチがしばしば口にする「コンジョレン＝根性練」とは、日本の高校や大学の運動部で時に見られる根性を鍛えるための理不尽とも思える練習のことを指しています。15歳のときにニュージーランドから単身来日し、札幌山の手高校、東海大学とラグビー部で生活してきたリーチは、「来日して最初の高校1年のときが一番きつかった」としばしば語っています。ニュージーランドでは経験したことのない「根性練」の洗礼を受けたのでしょう。

しかし15歳から高校、大学と日本の運動部に所属したことで、リーチには「根性練」によって自分は育てられたという信仰みたいなものが染みついていました。それはむしろエディー流の徹底した管理ラグビーと親和性があったのではないでしょうか。リーチは様々なインタビューの中で、「日本人にはエディーのやり方のほうが合っている」と発言しています。2018年12月半ばからの1ヵ月半のオフも、彼はジェイミーの指示に背いて練習を続けていたそうです。

だからこそ、リーチは当初、練習方法などを巡ってジェイミーとしばしば言い合いになっていたのです。ただジェイミーは一貫してリーチのリーダーシップに全幅の信頼を置き、その信頼が揺らぐことはありませんでした。リーチも最終的にはジェイミーのやり方を理解し、その体現者として率先して仲間を引っ張るようになります。戸惑いも多かったと思いますが、結果的には良かったのではないでしょうか。

根性練

グローカル・チームによる文化的多様性の定着、リーダーズによる自主的判断力の養成、そしてオンとオフの切り替えによる集中力の強化。宮崎合宿はONE TEAMとなるために多くの成果をあげました。それは当然ながらフィジカルな面での成果も伴ったものでした。

宮崎合宿の宿舎となったホテルは、サーフィンで有名な日向灘を見晴らす松林の中に建っています。周辺にはテニスコートやゴルフ場が配備され、休暇を過ごすのにはもってこいのリゾートです。

しかし日本有数のリゾート地も選手にとっては地獄でした。午前8時半からの筋力トレーニングに始まり、午前11時半から全体練習、昼食をはさんで午後3時から再び全体練習、そして夕食後の午後7時半から夜間練習が組まれていました。

体重などが規定値を超えている選手が8人いて、彼らは「KFC」と呼ばれていました。ケンタッキーフライドチキン（KFC）を食べ過ぎた人々というので付けられたグループ名で、KFCは夜のスクラム練習の後、さらに午後9時過ぎまで別メニューで走り込みを課されていました。

我々コーチ陣は「インプレーを40分超える」というのを、宮崎合宿の目標に掲げました。「インプレー」というのは、80分の試合の中でアタックもディフェンスも含めてプレーしている時間のことを言います。反則などがあってゲームが止まっている時間があるので、アイルランドなど欧州のチームはインプレーが20分台で、ワールドカップのトップクラスでも一試合35分が標準と言われていました。それを40分以上、休みなく全力でプレーできるチーム作りを目指すというのです。全力で走り続けるのですから、1分違うということは大変な負担を選手に強いることになります。

かつて日本代表チームは後半20分以降に運動量が落ちるのが課題と言われてきました。それを逆に、豊富な運動量でプレーを継続させ、相手をスタミナ切れにすることを狙ったのです。

そのためにGPSを一人ひとりの選手につけて、これ以上やったら肉体がついていかずにケガをするというぎりぎりまで追い込みました。田中は「エディーが恋しいくらい。今回はきつい」と言っていましたが、合宿をやり遂げた選手は自信をつけたようでした。リーチは合宿最終日の会見でこう言っていました。

「走る量もスキルも、相手より上じゃないかというくらい体力がついた」

その合宿で私が提案したのが、午後7時半からのスクラム練習です。これは我々コーチ陣にとっても夕食を終わるとすぐにグラウンドに出るわけですから、かなり疲れました。フォワードの選手は午前と午後の練習が終わった後、8対8でひたすらスクラムを組むのですから過酷さは想像を絶するものがありました。

スクラムを組んだままで、長谷川慎コーチのコールでスクラム全体を上げたり下げたりし、さらに右、左と組んだまま移動させるのが1時間続くのです。稲垣も一度地面に倒れたら、起き上がれないことがあったほどです。

こんな非合理的な練習はニュージーランドでは絶対にやりません。だから私がコーチ陣のミーティングでこの練習を提案したとき、ニュージーランド出身のコーチたちは積極的ではありませんでした。私自身は、高校時代から「根性練」で鍛えられ、非合理性と同時に、その効用も理解していましたから、「これをやり遂げたら、自信がついて、絶対に一つにまとまるぞ」と説明したのです。そして終わった後に、実際にそのとおりになりました。とんでもない非合理的な練習を一緒に乗り越えたことで、外国人選手を含めて皆が一つにまとまったのです。

ニュージーランドから来ているコーチ陣のトニー・ブラウンとスコット・ハンセンが、ワールドカップが終わった後ですが、別々の機会に、この夜のスクラム練習について「確かに効果的だった」と、高く評価していました。彼らはニュージーランドの練習方法が世界で一番だと信じていたらしいのですが、日本代表の練習の中にも、見習うべきものがあると、改めて思ったようです。

ただこの非合理的な練習は、日本代表チームにしか通用しないでしょう。フォワードの外国人選手は、代表チームに残りたい一心で、どんな練習でも必死でやるわけですが、トップリーグのチームに助っ人で来ている外国人選手は、こんな理不尽な練習は絶対にやらないと思います。夜のスクラム練習などという高校生の部活でもやらないような練習は、日本代表チームという特殊な環境だから成立したのだと思います。

非合理的な練習を乗り越え、「地獄の宮崎合宿」を打ち上げたときには、チームには明らかに自信が生まれていました。ワールドカップ開催まで2ヵ月、残された時間は少なくなってきました。

第5章 選ばれたメンバー

【藪木宏之の証言】

ポジション争い

3次に及ぶ宮崎合宿の成果は、環太平洋地域のティア2グループの強化を目的に、7月から8月にかけて開かれた「パシフィック・ネーションズカップ」でさっそく表れました。日本代表チームはフィジー、トンガ、アメリカと3連勝して優勝を遂げたのです。選手たちは結果が出たことで、「このやり方で間違いない」と、ジェイミー流に対する自信を深めたように見えました。

そして8月18日から28日までの総仕上げの網走合宿で、さらに選手たちを追い込みました。「宮崎よりも網走のほうが地獄だった」と感想を漏らす選手がいたほど、網走では限界まで鍛え上げました。

ヘッドコーチのジェイミー・ジョセフにとっては、網走合宿は別の意味で辛い決断の時でもありました。2月3日に東京・多摩センターのキヤノンスポーツパークに集合して以来、厳しい練習を耐え抜いてきた41人の日本代表候補の中から、10人を外すという選択をしなければならないからです。

ワールドカップの登録メンバーは31人に限られています。各国はこの31人でまず5ヵ国4グループに分かれた1次リーグの4試合を戦い、グループの上位2チームに入れば決勝トーナメントに進んで、決勝まではさらに3試合を戦い抜かねばなりません。

オリンピック、サッカーワールドカップ、ラグビーワールドカップが国際スポーツの3大イベントと言われます。日本でのラグビー人気はオリンピックやサッカーに比べると、やや劣るかもしれませんが、世界的規模で見れば、観客動員数、テレビを通じての視聴者数など、この3つのイベントは群を抜いているのです。

ただ夏季オリンピックが3度の週末で、サッカーワールドカップが5度の週末で終わるのに比べ、ラグビーワールドカップは、開幕から決勝戦まで1ヵ月半、7度の週末にわたって戦いが続くのです。肉体をぶつけ合い、選手の消耗度がサッカーなどと比べて格段に高いだけに、試合と試合のインターバルを取らざるを得ないわけです。それでも長くても1週間、短ければ中3日の休息だけで、次なる戦いに臨まねばならない過酷な日程です。

それだけに31人の選抜は困難を極めます。ラグビーというスポーツは15人のポジションによって、求められる特性がそれぞれ異なっています。

スクラムの最前列で相手と激しく体をぶつけ合うフロントロー。ラインアウトの要として、またモールの核として、巨大で強靱な体が要求されるロック。ラックの密集に常に絡み、フォワードとバックスの連携役として神出鬼没の動きを見せるフランカーとナンバー8のフォワード第3列。そして素早い球出しと瞬時の判断力が求められるスクラムハーフ。チームの司令塔としてキックやパスの選択を的確に行い、自在にバックスラインを操るスタンドオフ。相手バックスの陣形を見て取り、ステップやパスワークを駆使してボールを前に運ぶセンター。味方が体を張って獲得したボールを、フィニッシャーとして俊足を生かしてゴールまで運ぶウィング。そして最後の砦として敵に立ちはだかるフルバック。多彩な個性が、お互いに強みを生かし、足りない点を補い合って、チーム全体としてのパフォーマンスを上げていかねばならないのです。

選手一人ひとりの肉体的強度と、技術的練度が極限まで求められるようになった現代ラグビーでは、なおのこと31人に誰を選ぶかという選択が、4試合の1次リーグを勝ち上がれるか、さらにその上の決勝トーナメントを戦えるかに直結するのです。

現在のルールでは試合ごとに15人のスターティングメンバーのほかに、8人の交代要員

（リザーブ）が認められています。コーチ陣は15人のスターティングメンバーの誰が途中で負傷退場する事態になっても、チーム力を落とさずにその穴を埋める交代要員を常に想定していなければなりません。31人を選抜するには、あらゆる事態を計算しながらの緻密な作業が要求されるのです。

たとえば「スクラムの職人」と呼ばれ、専門性が高く、体をぶつけあって負傷の可能性が高い3人のフロントローには、試合途中での交代要員を含め、少なくとも4試合の1次リーグを戦い抜くだけの人数を割かねばなりません。今回はフロントローだけで8人のメンバーを選出しています。もう残りは23人分の枠しかありません。

中でも熾烈なポジション争いを展開していたのがスクラムハーフ陣でした。候補者は34歳の田中史朗、28歳の茂野海人、27歳の流大の3人。田中は2011年、2015年の2回のワールドカップに出場し、スーパーラグビーのハイランダーズでも4シーズンにわたってプレーするなど日本を代表する経験豊富なスクラムハーフです。茂野はサンウルブズの一員として、素早い動きとテンポの良い球出しでめきめき頭角を現してきました。流はスクラムハーフとしての的確な判断が光っているのはもちろんですが、帝京大、サントリーとキャプテンを務め、代表チームでもリーダーとして欠くことのできない精神的支柱となっています。スクラムハーフの経験がある私から見ても、まさに甲乙つけがたい3人でした。

フロントローをのぞいて、残り23人しかない選手枠の中で、スクラムハーフに3人分を割けるのか。メディアの事前予想はスクラムハーフで選抜されるのは2人で、候補3人のうち1人は外れるのではないか、というのが主流でした。そして若い茂野、流に比べ、年齢からくる田中の衰えを指摘する人もいました。

「入っていなかったらどうしよう」

2019年8月27日。8月18日から始まった網走合宿は、あと1日を残すだけになっていました。北海道・女満別空港から車で20分ほどの距離にある網走の「北天の丘」グラウンドの空は、前日に引き続いて晴れ渡っていました。東京が30度近い暑さなのに比べれば、最高気温が22度と快適で、午後5時過ぎともなれば肌寒いくらいでした。

練習を終えた選手たちは、両側に畑が広がる一本道を宿舎まで300メートルほど歩いて帰ります。グラウンドを出たら、まず見学のファンの方たちと交流する「ファンゾーン」を通り、その後にメディアの取材を受ける「ミックスゾーン」を抜けて帰ります。私はメディア担当として、いつものようにミックスゾーンでの取材のアレンジをしていました。

その日、最後にグラウンドから引き揚げてきたのは田中でした。メディアの取材が終わると、スパイクシューズと着替えを抱えた田中と2人、肩を並べて宿舎まで歩く形になりました。

「緊張しますよ。もし入っていなかったらどうしよう」

田中が独り言のように話し始めました。31人のメンバー・リストは、この後に予定されているミーティングでジェイミーから発表されることになっていました。田中は、このリストに名前が入っていないのではないか、と心配しているのです。

彼はひょっとしたら私と話がしたくて、敢えて最後にグラウンドから引き揚げてきたのかもしれません。競争相手でもあるチームメイトに、この不安を話すわけにはいきません。かつて選手として同じ不安を味わったことのある私に対してなら、話しやすかったのでしょう。京都・伏見工業高でラグビーを始めた田中は、高校の大先輩、平尾誠二さんとコンビを組んでいた私に対し、以前から親近感を感じているようで、一緒に食事に行ったりしていました。

私自身は、田中のスクラムハーフとしての経験知を高く評価していました。すでに2度のワールドカップで日本代表チームの一員として、あるいはスーパーラグビーの4年間で培ってきた経験知は、茂野や流にはない田中の最大の強みです。

「入ってるやろう。大丈夫やで」

私は答えましたが、田中は宿舎に戻るまで不安そうにしていました。

午後6時10分。メンバー発表で、スクラムハーフは3人全員がメンバーに選ばれていることを確認した私は、直ちに田中の携帯にＬＩＮＥメッセージを送りました。

「予定したとおりだけど、よかったな」

田中からはすぐに返事がありました。

「（ワールドカップの）3大会の中で、今回が一番緊張しました。本当に選ばれて良かったです。次はチームとして、国として世界に勝ちたいと思っています」

いつもはライバルのスクラムハーフ・流の似顔絵の「了解マーク」を送ってきたりするひょうきんな田中が、この夜だけはきわめて真面目でした。

愛されるチーム

翌日、網走合宿はいよいよ最終日を迎えましたが、ここでちょっとしたハプニングがありました。

一人ひとりの限界まで追い込んだがゆえに、筋肉が断裂する直前まで痛んでいる選手がほとんどでした。ついに若手のホープの姫野和樹までが負傷するに及んで、最終日の練習を中止することになりました。グラウンドには、練習があるものと思って、すでに大勢のファンの方たちが応援に集まっていました。

ジェイミーは常に私に対して、

「俺はコーチのプロ、お前は広報のプロ」

と言って、メディアへの対処など様々な要求を投げかけてきました。その中の一つが宮崎合宿前日の6月8日のスタッフミーティングで提示された「ファンサービス」の試みです。

「我々はいろんな所で合宿をするが、これからはその場所その場所で我々の足跡を残していきたい。最後の最後にワールドカップを迎えたときに、全国民が俺たちを応援してくれるような、そんなチームになりたいんだ」

ファンを大切にし、日本のファンにこのチームを愛してほしい。ジェイミーの強い願いを受けて、私はチームの滞在先で様々な交流の機会を作るように心がけてきました。

宮崎では地元の小学生40人ほどをグラウンドに招いて、選手と一緒にゲームを楽しみました。岩手・盛岡では少年ラグビースクールの子どもたちを対象に、「ラグビー・クリニック」を開催し、大阪・堺では障害者施設を訪問し、入所者の方と交流する時間を持ちました。そして網走でも、練習の合間に小学校の「タグラグビー」のチャンピオンチームとタグラグビーの試合を楽しみました。

リーチ・マイケルはジェイミーのファンを大切にする気持ちを理解していただけに、網走での最終日に、グラウンドまで足を運んでくれたファンの方たちに何かしなければと考えたのでしょう。練習は中止になりましたが、彼が音頭を取って、チーム全員でグラウンドに出てファンの皆さんに挨拶をさせていただきました。総仕上げの網走合宿は、こうして終わりました。

31人に絞り込まれたチームは、ワールドカップ前の最後のテストマッチ、南アフリカ戦を9月6日に行いました。結果は7対41と完敗でしたが、選手たちにショックはまったく感じられませんでした。自信を持って目前に迫ったワールドカップ初戦のロシア戦に集中している。そんな頼もしさを感じました。ジェイミーもミーティングで言いました。

「(南アフリカのような)ティア1のチームと戦うと、課題が見えてくる。ワールドカップ前にティア1のチームと試合をして課題が出てきたことは良いことだ」

ワールドカップ開幕まで2週間。ジェイミー・ジャパンにもはや迷いはありませんでした。

第6章 開幕――ロシア戦

【藪木宏之の証言】

マオリの儀式

「この機会に話をしておきたい」

日本代表チームのヘッドコーチ、ジェイミー・ジョセフは、こう断ってから語り始めました。２０１９年9月19日午後5時45分。ワールドカップ開幕戦の対ロシア戦を翌日に控え、宿泊先の都内のホテルで行われたチーム・ミーティングのときのことです。

「チームの文化をどのように作ろうかと考えていたときに、『グローカル』という言葉に出会いました。『グローカル』はコーチ陣が選手たちにいろいろとやらせるために考えた言葉と思っているかもしれないけど、そんなことはありません」

軽いジョークで笑いを誘うつもりだったようですが、聞いている選手は誰一人、笑いませんでした。ジェイミー自身の表情も、笑いが固まっていました。

「本当の意味は、お互いに信頼しあって、お互いのために何でもやる。一体感です。それが我々の最大の武器だと思います」

指揮官は硬い表情のままこう語ると、テーブルに置いてあった見慣れぬものを右手に取りました。長さは40センチほどでしょうか。濃い緑色の石で作ったナイフのようにも見えます。付いていた白い紐を手首にまき、握りの部分を持って、それをかざしました。

「これはパトゥです。現在は宝物として扱われていますが、はるか昔には武器として使われていました。マオリが最前線で戦うときに使っていたものです。我々にふさわしいシンボルだと思います」

「マオリ」とはニュージーランドの先住民族で、ジェイミーもマオリの一員です。もともとポリネシアから海を越えて渡ってきた民族といわれ、マオリの神話では7艘の航海カヌーに分乗してニュージーランドに渡来し、現在でもマオリの人々は自分がどの航海カヌーに乗ってきた家系かを、重視しているそうです。家族や一族の絆を大切にする姿勢は、ジェイミーの日ごろの言動からも感じられます。

１８４０年に英国女王に主権を譲渡する条約を結んで英国領になり、現在は英国などからの移民が多数を占めるニュージーランドの人口４８０万のうち、マオリ人口は15％ほどです。

人類史、文明史の研究に取り組む米国の生物地理学者、ジャレド・ダイアモンドさんは、1835年にニュージーランド東方800キロにあるチャタム諸島で起きた事件を引きながら、マオリが戦闘集団として周辺の他民族より秀でていた理由を解き明かしています。

この時、ニュージーランドから船に乗って島に乗り込んだマオリの900人が、島で狩猟・採集生活を営んでいた倍以上の人数のモリオリ族の人々を殺し、あっという間に征服してしまったそうです。

ニュージーランドに住むマオリの人々は当初は狩猟で生計を立てていましたが、温暖な気候の土地で農業に従事するようになり、定住して人口を増やしていきました。人口増から新たな居住地を求めてチャタム諸島への侵略を引き起こしたようです。これに対してモリオリ族は小さな孤立した集落で狩猟生活を送り、大した技術も持っていませんでした。ダイアモンドさんはピュリッツァー賞を受けた『銃・病原菌・鉄』（草思社）の中で、マオリについてこう書いています。

「自分たちで作物を育てて貯蔵することができた彼らは、物作りを専門とする職人や、族長や、平時は農耕に従事する兵士たちを養うことができた。彼らは、農耕に必要な種々の道具や、さまざまな武器や工芸品を発達させた」

「小さな大陸とも呼べるニュージーランドのマオリ族は、多種類の原材料を手に入れることができた。なかでも軟玉を利用していたことはよく知られている」[1]

軟玉とはヒスイの一種です。ニュージーランドに定着して農耕生活を送ったジェイミーの先祖たちは、余剰作物を貯蔵し、分業化して兵士を養い、軟玉を利用して斧や槍などの武器を作る技術を磨き、生まれた武器の一つがパトゥだったのでしょう。こうして近隣の他民族に恐れられる強力な戦士集団が育っていったと言えます。

マオリと言えば、ラグビーファンの間では、ニュージーランド代表チーム「オールブラックス」が試合前に行うマオリ伝統の戦いの踊り「ハカ」が知られています。黒ずくめのユニフォームの男たちが三角形の陣形を取り、腰を落として両手で太ももを叩く。相手チームを睨みながら舌を出して威嚇する。ラグビーの試合では、1905年の対イングランド戦で始めたのが、今に続いていると言われています。

「カ・マテ」(我は死ぬ)

「カ・オラ」(我は生きる)

独特の歌詞は、ワールドカップを通じて日本でもすっかりおなじみとなりました。かつて「ハカ」を踊った戦士たちが手にしたのが、「タイアハ」と呼ばれる槍であり、軟玉や動物の骨を削って作られる棍棒「パトゥ」でした。

パトゥで敵の鎖骨を打ち砕き、そのうえで頭を一撃して倒した。ジェイミーは祖先のマオリ戦士のパトゥを使った戦いぶりを誇らし気に説明してみせました。そして自分の首にペンダントのようにかけた小さなパトゥのレプリカを見せながら、チームの戦いのシンボルとして全員にこのレプリカを贈る、と続けました。

「戦いに行くときに、みんなが一緒にこれをつけていれば、本当に強い武器となる」

さらにジェイミーは、この日のために特注したジャージを掲げて見せました。日本代表のジャージの中央に「ONE TEAM」の文字があり、その下にメンバーとスタッフ計51人全員の名前、ワールドカップの日程、対戦相手、試合会場が印刷されています。

「マオリは戦場に行く前日に戦士たちの葬式をします。ここで葬式をするわけではないが、(我々は)後戻りはできない。これを一人ずつ受け取って戦場に行こう」

51人全員がテーブルに並べられたジャージと、その上に黒い布袋に入れて置かれたパトゥのレプリカを受け取って、ミーティングは終了しました。

巧みな演出

私もジャージとパトゥを受け取りました。ペンダントのようなパトゥには「ONE TEAM WC19」の文字が彫られていました。

私は2月3日から日本代表チームのメディア担当をしていましたが、代表チームの試合で広報を担当したのは、7月27日に行われたパシフィック・ネーションズカップの初戦、対フィジー戦が最初でした。

その日の試合終了後のロッカールームで、コーチのトニー・ブラウンが、

「メディア・チームが今日、テストマッチでのデビューを果たした」

と、ワールドカップ期間中、一緒に広報を担ってくれた同僚の津久井信介君と私の2人をメンバーに正式に紹介してくれました。

普段は群れるのを嫌う福岡堅樹が「ヤブリン、ヤブリン！」と、私のあだ名を呼んで促し、私は短いスピーチの後、ビールの一気飲みをさせられました。選手との距離が急速に

縮まったと感じられ、「やっとチームの一員になった」とうれしかったのを覚えています。

早稲田大ラグビー部では試合用のジャージを塩で清めて渡し、かつては水杯をたたき割ってロッカー室から選手を送り出したと言われています。決戦の前には、儀式が似合います。この日の儀式で、チーム全員がパトゥのレプリカと一緒にジャージを受け取りました。そこにローマ字で印刷された51の氏名の右下に、自分の名前を見つけたとき、ジェイミーを頂点とするこの51人のチームの一員として、明日からのワールドカップを戦い抜くんだ、との強い思いが改めて湧き上がってきました。我々スタッフがそうですから、選手一人ひとりはジェイミーの言葉と演出に奮い立ったに違いありません。


ジェイミーを語るときに、マオリの血を抜きにはできないように思います。彼がマオリの血を受け継いでいることを常に意識し、マオリ戦士の末裔であることに誇りを持っているのは間違いありません。チームで彼の両脇を固める人物として選抜したアタックコーチのトニー・ブラウン、ディフェンスコーチのスコット・ハンセンもマオリの出身です。日本代表チームの首脳陣はマオリが占めていると言えます。

準々決勝の南アフリカ戦の前の記者会見で、ジェイミーはマオリ語のメディアに対して、こう語っています。

「日本のラグビーにとって、（対南ア戦は）非常に大きな試合になると思います。それをトニー・ブラウン、スコット・ハンセンというマオリの血が入っているコーチ陣と、日本代表チームを率いてやっていけることを誇りに思います」

そのマオリの戦士が武器としたパトゥに対しても、特別の思いを持っていたようです。あるとき、藤井雄一郎さんに突然、「これあげるわ」と本物のパトゥをプレゼントしたことがあったそうです。ジェイミー自らが、動物の骨を削って作ったパトゥでした。ジェイミーは戦いに赴く祖先のマオリの戦士たちのように、本当はチーム全員に自らが作ったパトゥを持たせたかったのかもしれません。今回は51人分を作るわけにはいかず、レプリカのペンダントにしたのでしょう。

ジェイミーはチームの士気を鼓舞するために、小道具を使うのが巧みです。スーパーラグビーのニュージーランドのチーム「ハイランダーズ」のヘッドコーチをしていたとき、優勝決定戦の前日にチーム全員に小さな鍵をプレゼントして言ったそうです。

「みんなでこの鍵を使って扉を開け、新たな世界に踏み出そう」

私たちはよく「信頼」と言い、「団結」と口にします。確かに宮崎、網走という過酷な合宿を一緒に乗り切り、サンウルブズを含め、厳しい外国チームとの戦いを潜り抜けた選手たちには、揺るぎない信頼関係が培われたのは間違いありません。

でも「信頼」「団結」という抽象的な概念ではなく、形ある象徴として、チーム全員が同じものを持つことが、信頼や団結を一層確固たるものにする役割を果たす可能性はあります。ジェイミーという指揮官は、選手たちの心をつかみ取るのに、動物的ともいえる力ンを備えているのかもしれません。

パトゥにしろ、全員の名前入りジャージにしろ、鍵にしろ、普通に考えれば、過剰とも取られかねない演出が、大事な試合の前という異様な興奮状態の中では効果的だということを、感じ取っているのでしょう。

選手、スタッフが退室した後のミーティングルームには、7人のリーダーズに、スクラムハーフの田中史朗、通訳を加えた9人が残りました。

「明日に向けて戦術面での意思統一をしたい」

キャプテンのリーチ・マイケルの声掛けで、ゲームプランの細部の最終確認が行われ、

10分ほどで終了しました。静かな緊張感の中、最後に部屋を出るリーチは、室内を見回し、誰かが椅子の上に残していった空の紙コップをかたづけて去りました。

キックオフ

ロシア戦当日の9月20日。テーピングなどの準備を終えた選手たちを乗せたバスは午後5時20分にホテルを出発しました。

試合当日はキックオフの1時間20分前にスタジアムに到着するように予定を組みます。この日、会場の東京・味の素スタジアムでは試合前にワールドカップの開幕セレモニーが行われ、キックオフは午後7時45分に設定されていました。金曜日夕刻でラッシュアワーの渋滞が予想されたため、当初の出発予定を急遽30分早め、余裕をもってホテルを出たはずでした。

霞が関から高速道路に入って新宿を経由して調布に向かうのですが、ワールドカップ開会式に出席する政府要人夫妻の車を通すための交通規制の影響があって、新宿まで激しい渋滞に巻き込まれてしまいました。外国で開催されるテストマッチでは、代表チームの乗ったバスがパトカーの先導で試合会場に向かうことがよくありますが、日本ではそうはいきません。結局、移動に1時間20分もかかって、スタジアムに入ったのは予定より遅れ、キックオフの1時間前でした。

我々スタッフはかなりイライラしましたが、選手への影響はもっと深刻なものがありました。スクラムの最前線のフロントローは、「職業病」のように首や腰への痛みを抱えています。腰痛を抱える稲垣啓太にとって、狭いバスの座席に長時間座り続けるのはかなりの苦痛で、痛み止めを飲んで耐えていました。

選手たちはバス輸送の遅れなど気にもかけず、ロッカールームで淡々と着替え、ピッチに出ていつもどおり試合前のウォーミングアップを行っていました。しかしウォーミングアップから戻ると、ロッカールームの雰囲気がガラリと変わるのが感じられました。誰もがこの試合の重要さを身に染みて知っていたからです。2戦目にはこの時点で世界ランキング1位のアイルランドとの試合が、また4戦目にはティア1の強豪、スコットランドとの試合も控えています。万一、初戦のロシア戦を落とすようなことがあれば、目標の「ベスト8」などは絵に描いた餅になってしまいます。それはそのまま日本ラグビー界の凋落に直結しかねません。

南アフリカ出身の2人、ピーター・ラブスカフニとヴィンピー・ファンデルヴァルトは向かい合ってひざまずいて頭を垂れ、熱心に祈りを捧げていました。選手一人ひとりが思い思いのやり方で、試合前の緊張と向き合っていました。最後にそれぞれが手でタッチしてハグし、健闘を誓いあいました。カメラを回している私ともタッチとハグを交わしましたが、これまでのテストマッチと違い、異様に力が入っているのを感じました。いつもなら軽く体をぶつけ合ってハグするのが、痛いくらい全力で体をぶつけてくるのです。開幕戦の重圧が選手たちを包み込んでいました。

「力み過ぎていなければいいけど……」

私の感じた懸念は、試合開始と同時に現実となりました。

ロシアのキックオフのなんでもないボールをリーチが取り損ね、直後にはロシアのハイパントをウィリアム・トゥポウがまさかの落球をし、あっさり先制トライを献上してしまいました。田村優までがいつもなら難なく決めるゴールキックを外していました。

しかし序盤こそ苦しみましたが、安定したスクラムなどのセットプレーでリズムを取り戻しました。松島幸太朗が快足を飛ばして3トライの活躍を見せ、ラブスカフニもタックルから相手ボールを奪って50メートル以上を走り切ってゴールに飛び込むなど、前後半ともに2トライを挙げました。終わってみれば30対10で勝利し、ボーナスポイント1を加え、勝ち点5を獲得できました。

勝利の安堵

試合後のロッカールームはさすがにホッとした雰囲気があふれていました。日本代表チームは試合後、控えの選手がその日の最高の殊勲者を選ぶ「プレーヤー・オブ・プレーヤーズ賞」、縁の下の力持ちとしてチームに貢献した人を選ぶ「グローカル賞」、相手の嫌がるようなクレバーなプレーをした人を選ぶ「ダーク侍賞」を発表し、選ばれた選手はスピーチをして祝福を受けます。最後に、ジェイミーがその試合の最高殊勲選手を発表し、「スウォード賞」としてレプリカの赤い日本刀を贈って、解散します。

ジェイミーはこの日のロッカールームの最後をこんな言葉で締めくくりました。

「ワールドカップがどのようなものか、今夜でよくわかったことと思います。4年間、日本全体が（日本代表チームの）素晴らしいラグビーを待ち望んでいました。その中で素晴らしい勝利でした」

「スウォード賞」については、3〜4人の候補が上がり、コーチ陣の間で選考が難航したことを明かしたうえで、「16回ボールを前に運び、13回タックルを決め、ミスはゼロだった」と授賞理由を述べて姫野和樹の名をコールしました。

姫野は「試合開始直後は極度に緊張した」と告白し、彼らしくこうスピーチを締めくくりました。

「大きな山、アイルランド戦が次にありますが、ボクはどんな山でも登れると思うので、信念をもって新しい歴史を作りましょう」

帰りのバスの中で田村が私に向かって、この男には珍しく「ホッとしました」と打ち明けました。田村も本来の動きからは程遠いプレーでした。翌日の記者会見で田村は、10日間ほど眠れない日が続いたと明かしています。

「緊張して死ぬかと思った。難しい試合だったが、欲しかった結果になりホッとしている」

偽りのない心境だったと思います。

宿舎のホテルには午後11時半ごろに着き、選手たちは遅い夕食をとりました。私は翌日予定されている記者会見の打ち合わせのために、一人で食事をしているリーチの席に行きました。するとリーチからとんでもないことを聞かされました。

「ヤベエ。俺、外されるかもしれないよ」

確かにこの日のリーチの動きはよくありませんでした。試合後、ジェイミーとトニー・ブラウンに呼ばれて、かなり長時間、話をしていました。

ジェイミーは「一人ひとりが役割を果たせ」と言い続けてきました。チーム全体が初戦の重圧で浮き足立っているときに、キャプテンとしての「役割」とは何か？　チームを落ち着かせ、冷静さを取り戻させるのがキャプテンの「役割」のはずなのに、今日のリーチは自らが浮き足立ち、キャプテンとしての役割をまったく果たしていないではないか。ジェイミーの指摘は、リーチの胸に一言一言、重く残りました。

私は、リーチをメンバーから外すことはあり得ないのではないか、と思っていました。

リーチは多少、調子が悪かろうとも、彼がそこにいることがチームの精神的な支えになっているのです。彼がボールを持つと、スタジアム中から「リーチ・コール」が湧き起こるように、ファンにとってはまさに日本代表チームの顔です。彼を外す決断をジェイミーができるとはとても思えませんでした。

しかし、そのとても思えないことが起こったのです。

第7章　奇跡――アイルランド戦

【藤井雄一郎の証言】

キャプテンの不在

東京・神宮外苑にある「秩父宮ラグビー場」が建設されたのは、戦後間もない1947年（昭和22年）のことです。戦前、ラグビーの試合に使用されていた明治神宮競技場が占領軍に接収されたため、我々の先輩たちが走り回り、東京大空襲で焼失した女子学習院の跡地を借り入れることに成功しました。早稲田、慶應、明治、東京、立教の5大学のラグビー部OBたちが私財を投げうって建設のための着手金を作り、現役学生たちがもっこを担ぎ、つるはしを振るって労働奉仕したと伝えられます。日本ラグビー協会第3代会長の香山蕃《しげる》さんが書き残しています。

「あるものは時計やカメラ、またあるものは家のじゅうたんを売ってひたぶるに自分たちの心のふるさとをきずきあげようという情熱に燃えた。工事が始まったある日、雨のふるなか秩父宮様がこられご病身をかえり見ず《ママ》（中略）関係者に〝ラグビー協会は貧乏だからよろしくたのむ〟と頭を下げられました。私は流れる涙をこらえることが出来なかった」

こうして大学ラグビー部員やOBの献身的尽力で完成した東京ラグビー場は、協会の名誉総裁だった故秩父宮雍仁《やすひと》親王の遺徳を偲び、1953年に「秩父宮ラグビー場」と改称されました。幾多の大学ラグビーや社会人ラグビーの名勝負の舞台となり、東大阪市花園ラグビー場とともに「西の花園、東の秩父宮」と称される聖地となったのです。

2019年9月21日。ワールドカップ初戦のロシア戦に勝利した翌日、この秩父宮ラグビー場内にあるジムで、私はジェイミー・ジョセフと2人、トレーニング用のバイクをこいでいました。

この朝、宿舎のホテルにいた私は、都内の自宅に戻っていたジェイミーから午前中の予定を尋ねる電話を受けました。彼がこういう電話をしてくるときは、何か相談事があるときと決まっていましたから、秩父宮ラグビー場のジムで落ち合うことにしたのです。試合の疲労を取るため、選手たちの練習は休みになっていました。

1時間ほどバイクをこいで汗を流した後、私がホテルまで歩いて帰るというと、ジェイミーは乗ってきた車を駐車場に置き、2人で青山通りを歩きました。

歩き始めてしばらくすると、ジェイミーは次のアイルランド戦でのリーチ・マイケルの起用法について、話し始めました。

「現在の調子でベストなフランカーは誰かと言えば、リーチは構想から外れてしまう。ナキ（アマノキ・レレイ・マフィ）のほうが良い。だけどリーチが外れたら、ＯＮＥ ＴＥＡＭでなくなるんじゃないかという点が心配なんだ」

キャプテンであるリーチをスターティングメンバーから外す。戦力的観点よりもむしろ、精神面で他のメンバーが動揺する可能性があります。ヘッドコーチとしては、大きな賭けと言えます。

私は「ここまで来たら、ＯＮＥ ＴＥＡＭも何もない。とにかくアイルランド戦の後半、勝たなければならない」と思っていたので、こう言いました。

「アイルランドに対してセーフティ・リードなんてありえない。後半をどう戦うかが死活問題になると思うから、そこでリーチを投入するのがいいんじゃないか。とにかく前半はナキに暴れさせて、後半はフレッシュな状態のリーチに適切な判断を任せる選択がいいと思う」

リーチは自分の調子が良いときはグラウンドに集中しています。自分のプレーとか他のメンバーの状況とかです。しかし調子が悪いときは、観客が何人入ったとか、ラグビー界がどうだとか、余計な話を始めます。まさにロシア戦のときがそうでした。リーチは、ロシア戦の後でこう言ったのです。

「今日はお客さんがたくさん来てくれて、僕らが勝ったからラグビーにとってすごく良かったですね」

選手にとって観客の人数は本来、関係ないはずなのです。そんなことを気にしている余裕はないのです。ゲームだけに全神経を集中させる。それしかないはずなのです。

リーチのプライドを傷つけないためには、うわべだけ取り繕うことをせずに、正面から真摯に説明したほうがいいと、私は感じていました。

「リーチはきれいごとの説明では絶対納得しないから、『お前は調子がよくないから次の試合は外す』と正直に言ったほうがいい。その代わり、後半、彼を投入したときのインパクトプレーだけに集中しろと、彼の果たすべき仕事を明確に指示してやるのがいいと思う」

こう説明すると、ジェイミーは納得して、リーチの代わりにフォワードのピーター・ラブスカフニとバックスの流大をゲームのリーダーにしたいと言いました。私は2人がリーチの代わりを務めるのは賛成でしたが、リーチはどんなに調子が悪かろうとも、チームの大黒柱であることに変わりはありません。他のメンバーもリーチにはリーダーとして全幅の信頼を寄せ、頼りにしています。いきなりリーチの代わりにリーダーになれと言われても、2人にリーチに遠慮する気持ちがあったら、瞬時の判断に狂いが生じてしまいます。それはチームにとって致命的です。

そこで私は付け加えて言いました。

「2人には事前にきちんと説明してやらないと、彼らはリーチに遠慮して、リーダーシップが発揮できない。リーチに負担がかかりすぎているから、前半はとにかくお前ら2人で頑張れ、と言うのがいいんじゃないか」

結局、ジェイミーは翌日、リーチと長い時間かけて話をし、そのうえでラブスカフニと流にも話をしたようです。リーチには正面から説明をしてスターティングメンバーからは外し、ラブスカフニと流には、その事情を理解させたうえで代わりのリーダーをつとめさせる。ジェイミー自身、最初から私が言ったのと同じことを考えていたはずです。ただジェイミーは、私と話すことで自分の考えを整理し、再確認したかったのだと思います。

荒療治の効用

曇っているとはいえ、気温は20度をやや超える程度、気持ちの良い秋の昼下がりでした。身長196センチのジェイミーは青山の歩道の上で目立ちます。しかしワールドカップの初戦が終わったばかりのこの時点では、日本代表のヘッドコーチの顔を知る人はそんなに多くなかったのでしょう。私たちは、会話を続けながらホテルに向かって歩き続けました。

このときのジェイミーとの話でもう一人、起用法を検討したのが山中亮平です。山中はロシア戦で、不調だったウィリアム・トゥポウに代わってフルバックで途中出場し、期待に応える活躍を見せていました。

実は山中は、本番に弱いところがあります。大事な試合に限って、簡単なパントを落とすようなミスがこれまでにもありました。ロシア戦のとき、ジェイミーは心配していましたが、私は、「山中は大丈夫」と彼を投入することを勧めました。

なぜなら、ロシア戦の場合にはトゥポウの調子が悪いために途中出場するわけで、山中にはプレッシャーがかかりません。山中のようなタイプの選手は、責任を持たせると、時として十分な力を発揮できないことがありますが、プレッシャーがないときは、「俺に任せておけ」となって、本来の力を発揮するわけです。

山中はサンウルブズのメンバーとして国際試合の経験を積んではいます。でもサンウルブズは、誤解を恐れずに言えば、負けても許されるのです。ワールドカップの試合はそうはいきません。サンウルブズの場合のプレッシャーは、ワールドカップの3分の1もないと思います。ワールドカップのプレッシャーはまったく別ものなのです。

それだけにワールドカップの舞台を経験したことは、山中にとってすごく大事なことだったと思います。山中はあの舞台でしか身につけることのできない自信をつけることができ、それがアイルランド戦以降の試合での彼の活躍につながったのです。

アイルランド戦までの1週間、練習でのリーチの動きは格段に良くなりました。自分の役割が明確になったことで、リーチ自身も吹っ切れたところがあったのではないかと思います。その意味では、リーチをスターティングメンバーから外すというジェイミーの決断は、荒療治ではありましたが、成功したといえます。

リーチはワールドカップ終了後に、スポーツ雑誌のインタビューで、「試合に集中したのはいつから？」との問いに答えています。

「初戦が終わってからですね。開幕まではいろいろ考えました。メディア対応もあったし、プレッシャーもあった。でも初戦が終わってからは、プレー以外のことは一切考えず、自分のことだけに集中しました[1]」


その1週間、ジェイミーは「絶対勝てる」と徹底的に選手に刷り込みました。分析班のデータを選手たちに示して、たとえばアイルランドの強みとされているフォワードの攻撃時の当たりの強さでも、フェーズを重ね、インプレーの時間は長いけれど、子細に検証すると、実はフェーズを重ねるごとに、後ろの選手にワンパスして、ただ当たっているだけだ。逆にこちらが攻撃テンポを速くしたら、ここにスペースが生まれる。あるいはこの時間帯を耐えれば、アイルランドは得点できていない。気を付けるべき選手はこのケースではこの選手で、逆にここは弱点だ、ということを、具体的に示しては一つ一つ納得させる作業を繰り返していきました。

心を揺さぶる言葉

そしてアイルランド戦当日、２０１９年9月28日のミーティングを迎えました。ストレッチで体をほぐし、テーピングなどの準備を済ませた選手たちが、ホテルのミーティングルームに集まってきました。部屋の壁に沿って並べられた椅子の思い思いの場所に座ります。いつものように、田中史朗が一人ひとりにガムを配って回っています。緊張をほぐすためでしょうか。田中が試合当日のミーティングで皆にガムを配るのが、代表チームの試合前のルーティンのようになっています。

ジェイミーが最後に部屋に入ってきて、ドアが閉じられました。ジェイミーが何を言い出すか。選手たちが彼の口元を見つめます。

ジェイミーは常にミーティングをとても大事にしていて、準備に並々ならぬ精力を割いています。ミーティングで発するメッセージについては、実に細かく気を配っています。我々スタッフがミーティングで話す内容は、すべて書いて、通訳に訳してもらって事前にジェイミーに提出しています。そこで彼からチェックが入ることはほとんどありませんが、コーチ陣がどんな話をするのか、事前に把握しておきたいわけです。

当然ながら、ジェイミー自身が話す内容についても、十分に考えたうえで一番良いタイミングで、最もふさわしいメッセージを発信しようと考えています。彼は人と話していても、本を読んでいても、映画を観ているときでも、常に何か良い言葉がないか、心に染みるフレーズはないか、と探しています。だから私と飲みに行っているときでも、私の話したことがミーティングで使えそうだとなると、その場で携帯電話を使って私の話の内容を自分宛のメモにしてメールで送っています。後からそれを見ながら、ミーティングで話す内容を推敲しているようです。

この日のミーティングで、彼は自作の詩を読み上げました。

No one thinks we can win
（誰も我々が勝てるとは思っていない）
No one thinks we can even close
（接戦になるとさえ思っていない）

No one knows how hard you've worked

（誰も君らがどれだけハードワークをしてきたか）

No one knows how many sacrifices you've made

（どれくらいの犠牲を払ってきたか知らない）

You know you're ready

（やるべきことはわかっている）

このジェイミー自作の詩は選手たちの心を揺さぶり、試合前の彼らを奮い立たせるのに十分な効果があったようです。各国を見渡しても、ラグビーのヘッドコーチで自作の詩をミーティングで選手たちに贈るというのは、聞いたことがありません。ハンディカメラの映像を見ると、ミーティングの間、田村優はジェイミーの言葉に大きくうなずきながら、聞き入っていました。彼は、アイルランド戦の終了直後のインタビューでわざわざ「ジェイミーが俳句を詠んでくれて。5行の……」と朝のミーティングに触れ、詩の概要を披露したうえで、こう言っています。

「『信じてるのは僕らだけ』っていうメッセージがあって、まあそのとおりになりました」

詩を披露した後、ジェイミーは「アイルランドは強いから、勝つためには重要な瞬間がある」と言って、試合開始直後の5分から10分間と、ハーフタイム後に分けて話をしました。

試合開始直後について、彼はこうアドバイスしました。

「我々は2つのバトルに備えなければならない。一つは自分自身に対するバトルで、攻撃において自分たちのゲームに徹することだ。もう一つは、アイルランドが挑んでくる肉体をぶつけてくるバトルだ。我々はそれに備え、肉体的にまったく新しいレベルに達している。チームのために体を張れ」

その後で、ハーフタイム後についてこう続けました。

「全部を出し切ったと思った瞬間に、さらにもう一度出し尽くす。宮崎で、網走で、我々はそのために準備をしてきた。もはやプライド以外には、何も失うものはない。チャンスをつかめ」

そして彼の言葉をこう締めくくって、部屋を出ていきました。

「ビッグゲームに勝つためには意思統一が必要だし、お互いに信頼することが必要だ。一切、恐れてはいけない。お互いを信頼しろ。皆を信じている」

スタジアムの試合前のロッカールームでは、ゲームキャプテンに指名されたラブスカフニが、自分のロッカーの前に座って、下を向いて精神統一をしているように見えました。福岡は、指に一本、一本、滑り止めのテープを巻き付け、姫野はバナナを食べ、リーチは棒を使ってストレッチを繰り返しています。それぞれが思い思いの方法で、世界ランク1位の強豪との大一番に向け、精神を高めていました。

「あと3分」。選手はお互いにハグし、ラブスカフニを先頭に、リーチがその後に続いてピッチに向かっていきました。

もう奇跡とは言わせない

試合はジェイミーが予想したとおり、アイルランドのフォワードが突進から攻撃の勢いを作ろうと押しに押してきました。これに対して日本代表は、鋭い出足で間合いを詰め、

2人がかりで間髪を入れずにタックルする「ダブル・タックル」を徹底していました。ゴール前のキックパスなどで、先制トライを許したものの、田村が3本のペナルティゴールを決めて前半を9対12で折り返しました。

特に前半残り10分を切ったところで、自陣22メートル・ライン付近まで攻め込まれたときのアイルランド・ボールのスクラムは圧巻でした。日本が固く結束してアイルランドの緑の壁を押し込むと、アイルランドがこらえきれずに意図的にスクラムを崩す反則を犯しました。世界屈指と言われたアイルランドのスクラムを崩壊させたのです。

普段は大人しいプロップの具智元が両こぶしでガッツポーズを作り、雄叫びを上げました。我々コーチ陣もこのシーンを見て、勝利への確信を深めました。選手も同じだったと思います。

リーチが後にスポーツ雑誌のインタビューに答えて、「大会中、一番印象に残る場面」として、このスクラムを挙げています。

「あの瞬間、行けると思った。大会の流れもあそこで決まった[2]」

ハーフタイムのロッカールームはいつもどおり、フォワード、バックスに分かれ、フォワードはジェイミーが、バックスはトニー・ブラウンがパソコンの画面を見せながら、戦術の修正や確認を行っていました。しかし全員が「勝てる」との手ごたえを感じているのが、皮膚感覚として伝わってきました。

リーチは前半30分に負傷したマフィと交代して戦列に復帰し、ロシア戦とは見違えるようなパフォーマンスを見せていました。ロッカールームで円陣を組んだとき、リーチが言いました。

「みんなすごくいいよ。ガマン、ガマン。いつか（相手の心が）折れるから、そのときにスイッチを入れて」

田村も続きました。

「まだ終わってないから。いい試合で終わらせるな。相手を打ちのめすぞ」

交代したマフィがロッカールームの出口に立ち、一人ひとりと固い握手を交わして送り出していました。

日本代表は後半に入っても、ジェイミーが朝のミーティングで言ったように「全部を出し切ったと思った瞬間に、さらにもう一度出し尽く」して、アイルランドの緑の怒濤を防ぎ切りました。80分間で、日本は184回ものタックルを試み、ミスはわずか13回。成功率は93％に達しています。対するアイルランドは日本より少ない167回のタックルのうち、20回のミスを犯していました。アイルランド・フォワードの執拗な圧力に対しても、日本は規律を保った防御を崩さず、ペナルティの数はわずかに6に抑えました。

9月6日の南アフリカ戦で右ふくらはぎを痛め、戦線から離脱していた福岡堅樹が途中から出場し、後半18分にはラファエレ・ティモシーからのパスを左サイドで受けて低い姿勢でインゴールに飛び込み、逆転のトライを挙げました。ロシア戦で3トライを挙げた松島幸太朗とともに、日本が誇る両ウィングがやっと揃う形となりました。終わってみれば後半はアイルランドを零封し、19対12の見事な勝利でした。

ノーサイドの瞬間、テレビ中継のアナウンサーが叫びました。

「もうこれは奇跡とは言わせない」

前回の2015年大会で、2引き分けを挟んでワールドカップ16連敗中の日本代表が、優勝2回を誇る強豪、南アフリカをイングランドの都市ブライトンで破ったとき、メディアは「ブライトンの奇跡」「ワールドカップ史上最大の番狂わせ」と報じました。今回、アイルランドは日本代表の力を警戒し、ベストの布陣でねじ伏せようと本気で牙をむいてきていました。力と力の勝負を挑んで勝ち切った。その意味で、今回の勝利は「奇跡」でもなんでもなく、南アフリカ戦の勝利とは意味合いがまったく違っていました。

最後に笑える日まで

試合後のロッカールームは笑い声があふれていました。堀江翔太がハンディカメラに向かって指をさしながら言っています。

「お前ら、負けると思うてたやろ。勝ったわ」

右腕を負傷し、アイシングをしている松島も笑っています。上半身裸のリーチがジェイミーとハグを交わしています。

リーチはその後、レプリカの黒い日本刀を紫色の袋に入れ、スタジアムの廊下を歩きます。向かう先はアイルランド代表のロッカールームです。日本代表は今回のワールドカップで、試合終了後、相手チームにレプリカの日本刀を贈ってきました。日本の伝統文化の一端を知ってもらうのと同時に、ノーサイドなのだから、我々はもう武器は持っていないという意味を込めたものです。リーチがロッカールームに入っていくと、アイルランド選手から大きな歓声が上がりました。

どんなに激しくぶつかり合い、時に感情が爆発して殴り合いになることがあっても、試合が終わればお互いに健闘を讃えあう。今回ワールドカップのピッチ上で、今まで死闘を繰り広げた選手たちが、相手チームの選手一人ひとりと抱き合う姿は、日本のファンには新鮮な光景として受け止められ、鮮烈な印象を残しました。それは、少年ラグビースクールでも、高校や大学の部活動でも、社会人やシニアチームでも、ラグビーの世界では当たり前に行われてきたことではありました。そして日本刀を贈るためにロッカールームを訪れたリーチを、アイルランド選手が歓声をもって暖かく迎えるのも、その表れの一つと言えるでしょう。

記者会見などの行事が終わり、シャワーを浴びて黒のシャツとパンツに着替えて、ロッカールームでミーティングが行われました。

個別の選手表彰の最後に、ジェイミーがいつものようにレプリカの赤い日本刀を持って最優秀選手の「スウォード賞」の表彰を行いました。

「誰か一人にではなく、チーム全体に」

ジェイミーはそれだけ言うと、日本刀をテーブルの上に置きました。今回の最優秀選手は個人ではなく、スタッフを含めたチーム51人全員だ。ジェイミーはこう言いたかったのでしょう。

最後はジェイミーの音頭でチームソング「ヴィクトリーロード」を歌いました。

「この道〜　ずうっと〜　行けば〜　最後は〜　笑える日が〜　くるのさ〜　ヴィクトリーロード〜」

手拍子をとり、次第にテンポを上げながら、この歌詞を3度、繰り返し、最後は手締めをして終わります。

米国のカントリー歌手、ジョン・デンバーの名曲「カントリーロード」（故郷へかえりたい）の替え歌です。日本代表候補メンバーだった山本幸輝（ヤマハ発動機ジュビロ）がリーチからの依頼を受け、2019年2月のキヤノンスポーツパークでの合宿の際に、同室だった三上正貴（東芝ブレイブルーパス）と一緒に考えだした替え歌です。

彼ら2人は残念ながら最終メンバーの31人には残れませんでした。でも、彼らの残してくれた「ヴィクトリーロード」は、ワールドカップを通じて日本代表のチームソングとして定着し、チームを応援する歌としてファンの方たちにも歌われました。

「最後に笑える日まで……」

まだ戦いは続きます。

第8章

結束──サモア戦

【藤井雄一郎の証言】

もっとも愛された選手

ラグビーを愛する人たちが好むフレーズがあります。

「ラグビーは少年をいち早く男に育て、男にいつまでも少年の魂を抱かせる」

フランス代表チームの名フランカーで元キャプテン、ジャン＝ピエール・リーブ氏の言葉です。

このフレーズで、私は具智元の童顔を思い浮かべます。韓国ソウル生まれの25歳のプロップは、代表チームのメンバーから最も愛されているキャラクターの持ち主と言っても過言ではないと思います。

前章にあるように、アイルランド戦のスクラムでペナルティを取った後の具の咆哮が、チーム全体を「いけるぞ」という気持ちで一つにしました。サモア戦で痛めた右肋軟骨を、スコットランド戦でさらに悪化させ、前半21分で無念の途中退場となりました。このときの具の悔し涙に、交代して出場したバル・アサエリ愛ばかりでなく、チーム全員が

「具のためにも、これで終わらせない」と奮い立ちました。具以外のメンバーの涙だったら、チームがここまで奮い立ったかどうか、わからなかったと思います。

具の父、東春さんも強靱なプロップで、韓国代表メンバーとしてアジア王者に輝いた経歴の持ち主です。具が小学校を卒業したときに、兄とともにニュージーランドに送り出し、さらに大分県佐伯市の公立中学から日本文理大附属高校、拓殖大に進む道を選ばせました。拓殖大在学中にサンウルブズのメンバーに選ばれ、トップリーグの「ホンダヒート」に入った2017年から日本代表メンバーとなった逸材です。

アイルランド戦後のロッカールームで、控え選手が選ぶベストプレーヤーの「プレーヤー・オブ・プレーヤーズ」に具が選ばれました。普通は缶ビールを一気に空けて短い受賞スピーチをするのですが、アルコールが苦手な具は牛乳パックをストローで一気飲みし、皆の喝采を浴びました。スピーチを求められると、

「一番の夢だったので、頑張ります」

とだけ言うと、隣に立つ堀江翔太の顔を助けを求めるように見ていました。具と堀江は合宿でもワールドカップの宿舎でも同室です。具はスクラムで常に左隣にいる8歳上の堀江を、普段の生活でも兄のように慕っています。堀江もまた具の面倒をよく見ています。

またあるときには、リーチ・マイケルらリーダーズがテーブルを囲んで打ち合わせをしているときに、日本代表のジャージを抱えた具が入ってきて、一人ひとりにサインを書いてもらったことがありました。「いくら払う」などとリーダーたちからは遠慮のない声が飛んでいます。具はニコニコしながら一人ひとりを回り、リーダーたちは話し合いを中断して、サインに応じていました。年の離れた弟と兄たちのやり取りを見ているような、ほのぼのとした空気が漂っていました。

7ヵ国31人のメンバーの中で韓国出身は具だけです。第二次大戦中の日本統治下の日本企業で働いていた元労働者らが起こした「徴用工訴訟」で、2018年10月に韓国大法院が日本企業に対して損害賠償を命じる判決を出したのをきっかけに、日韓両国の関係は冷え込んだままでした。

韓国世論を考えれば、具の家族が「なぜ日本代表チームで出場するのか」と厳しい視線を周囲から浴びせられることがあったのではないか、と容易に想像がつきます。具自身も複雑な心情を抱いていたかもしれませんが、彼はまったくそれを感じさせませんでした。

韓国出身の15歳の少年が、中学から高校、大学と、言葉も文化も違う日本人の社会で生きていくには、人知れぬ苦労があったと思います。これは具だけではなく、たとえばリーチはニュージーランドから日本の高校に移ってきていますし、ジンバブエ人の父と日本人の母の間に生まれた松島幸太朗は6歳で南アフリカから日本に移ってきています。またアサエリ愛、アタアタ・モエアキオラの2人もトンガから日本の高校に留学しています。

彼らは傑出したラグビー・スキルを備えていたとしても、日本の社会に溶け込むのに、それぞれ小さいころから我々の計り知れないような苦労をしてきたと思います。いじめられることがあったかもしれないし、逃げて帰ろうと思ったことがあったかもしれません。周囲との軋轢があった分だけ、彼らは皆、周囲に対してすごく優しいのです。

その彼らが共感を持つようなゲストが2019年10月4日、サモア戦前日のチーム・ミーティングにやってきました。

試合が終わると、一日は体を休めるためのオフの日があって、その翌日から次の試合に向けた練習が始まります。次の試合のメンバーは週の初めには決まっており、日々の練習では相手を想定した実践的なフォーメーションが中心になります。話し合いはリーダーズを中心に、主にポジションごとに行われ、ヘッドコーチのジェイミー・ジョセフが出席した全体のチーム・ミーティングは行われません。ワールドカップ期間中のチームの全体ミーティングは、試合の前日と当日の2回だけ開かれます。

試合前日には、緊張感をほぐすためもあって、ゲストを招いてミーティングが開かれ、試合当日のスタジアムに向けて出発する直前のミーティングでは、ジェイミーから最後のメッセージが発せられます。

大和魂

10月4日のミーティングにゲストとして招かれたのは、元日本代表メンバーで、現在はパナソニックワイルドナイツのコーチ、ホラニ龍コリニアシさんでした。

「日本代表で学ぶことや経験したことがいっぱいあったので、それを共有できればと思っています」

コリニアシさんはこう言って、まず自らの生い立ちを語り始めました。

トンガに生まれ育った彼は、16歳で埼玉工大深谷高校（現・正智深谷高校）に留学します。彼の叔父は日本代表でプレーしたラグビー選手で、1987年の第1回ワールドカップに桜のジャージを着て出場した叔父をテレビで観て、小学生のコリニアシ少年は「いつか自分も日本でラグビーをしたい」と思ったそうです。

トンガの中学では吹奏楽部に所属し、埼玉工大深谷高校で初めてラグビーを始め、埼玉工大、三洋電機（現・パナソニック）とラグビーの才能を花開かせ、２０１１年、２０１５年の両ワールドカップに日本代表として出場しています。

「日本に来て、礼儀や挨拶、目上の人を敬う気持ちなど、いろんなことを学びました。日本代表でプレーできたこと、去年まで現役でプレーできたことを、当たり前と思ったことはありません。いろんな人たちに支えられ、いろんな人たちにチャンスをもらって、この場にいるんです」

コリニアシさんは自らの経験をこう話し、２００７年に日本国籍を取得したときに『大和魂』を体に刻みました」と言って、左腕に彫られた「大和魂」の刺青を見せました。

「この『大和魂』にはいろいろな意味があると思います。僕が勝手に思った大和魂とは、ラグビーに置き換えたら、どれだけこの仲間のために戦っていけるか。疲れたときに一歩でも前に進める、自分から行動をおこせる原動力だと思います。明日の試合、このジャージを着て試合に出るメンバーは、みんなの期待やいろんなものを背負ってグラウンドに立つと思います。これまで支えてくれた人やいろんな人の思いを自分の体に乗せてプレーしてほしいです」

コリニアシさんが決して流暢とは言えない日本語で、訥々と語りかける言葉は、明らかに選手たちの心に染みていき、感動の波が部屋に静かに広がっていきました。それは彼の言葉に聞き入る選手たちの真剣な表情を見ているとわかります。具も、リーチも、そして松島も、アサエリ愛も、モエアキオラも、自らのこれまでの日本での経験と重ね合わせて、聞いていたと思います。

ピーター・ラブスカフニが選手を代表してお礼の言葉を言いました。

「2015年のワールドカップが、日本ラグビーの歴史を変えたという話がありました。（コリニアシさんらが）残してくれたレガシー（遺産）を、次の世代のためにさらに良い状態にしていきたいと思います。ありがとう」

サモア戦当日のミーティング会場には、正面のスクリーンに「大和魂」「Yamato Damashii」の2つの言葉が大きく映し出されていました。稲垣はヘッドフォンで音楽に聞き入っています。いつものように田中がガムを配っています。誰も一言も発せず、試合に

出発する直前の沈黙が支配していました。黒いスーツ姿のジェイミーが入ってきて、

「これから大会を続け、ステップが上がっていくにつれ、謙虚さがどれだけ大切か」

と話し始めました。明らかに前週の勝利に浮かれずに謙虚になろうと呼び掛けているように思えました。

「昨日、コニー（コリニアシさん）が来て話をしてくれた。『大和魂』という内容よりも、彼がどのようにそれを伝えてくれたか。日本に来ていろんなことがあった彼の存在を感じて、学べたことは多いと思う」

「彼はきつくなったときに、いかに集中できるか、いかにやり続けられるか、を考えて、大和魂にたどり着いたのだ」

ここまで話すと、トライをした他のチームの選手が、大喜びしている映像をスクリーンに映し出して、話をつづけました。

「これは（トライを取った後の）普通の行動だが、我々は少し違うチームだと思っている。十分な準備をし、スタッフも選手も、お互いに信頼しあっている。トライを取るから良いチームなのではなく、お互いに頼りあっているから良いチームなのだ」

「１週間前、誰も日本が（アイルランドに）勝てるとは思っていなかった。一方で我々は負

けないと思っていた。大切なのは、我々が事態を謙虚に捉え、この部屋にいる全員が、お互いに信頼しあって戦えるかどうかなのだ。最高の舞台があって、最高のラグビーをする。そして我々の戦い方を通じて、先週の勝ちがマグレでなかったことを世界に知らせるチャンスだ」

ジョセフファミリー

ジェイミーは51人のチームのメンバー相互の結びつきを何よりも大切にします。リーダーズの7人にすべてを任せているように見えて、意外に細かい心配りをします。練習の後などに「おい、チョット来い」と声をかけて気になった選手を呼び、個別に体調の確認などを怠りません。選手一人ひとりにとっては、ヘッドコーチが自分のことを見ていてくれると感じることは、とてつもない力を生みます。

具はワールドカップ後に複数のメディアのインタビューに答えて、スコットランド戦でケガで途中退場した翌日の月曜日に、ジェイミーと2人になったときのやり取りを明らかにしています。

「(ジェイミーから)日本語で『自信はあるか』と聞かれ、痛くても(次の南アフリカ戦に)出たかったので『ハイ』と答えました。そしたら『金曜日まで待つ。3番に(名前を)入れておくから』と言われ、うれしかったです」

私はジェイミーがチームの信頼関係を何よりも重視するのは、彼の生い立ちに深く関係していると思っています。彼は10人以上いる姉妹と一緒に、唯一の男の子としてマオリの大家族の中で育っています。彼は家族というものを非常に大切にしています。

ジェイミーは8月3日に東大阪・花園ラグビー場で行われたパシフィック・ネーションズカップのトンガ戦の直前に、母親の死の報を受け取りました。ホテルから試合会場に出発する前のスタッフミーティングが午後1時からあって、そこでジェイミーから母親の死が報告されました。彼自身は試合があるのでニュージーランドに帰らないと言ったのですが、リーチたちが「こちらは大丈夫だから」と説得して、急遽、帰国が決まりました。

夕方5時の飛行機で伊丹空港から成田経由で戻ることになったのですが、彼が「酒を飲みたい」と言い出しました。母親を亡くしたことがショックだったんだと思います。ホテルの鮨屋さんに頼んで無理に店を開けてもらい、午後2時ごろから1時間半ほど2人で飲みました。スタッフミーティングのときは涙を見せていましたが、そのときはもう落ち着いていました。

私はトンガとの試合を見届けてから、彼を追いかけてニュージーランドに向かい、葬儀に出席しました。ブレナムという小さな港町ですが、親族が多いらしくて葬儀の行われた教会にはマオリの人たちが100人以上来られていたと思います。花を1本ずつ手向けてから土葬にして、その後で食事会をするのです。ジェイミーが自分で潜って獲ってきた伊勢海老やアワビをふるまって、出席者が盛大に飲みました。

ジェイミーと私は、次のアメリカ戦に備えてフィジーに滞在中の日本代表チームに合流するため、葬儀の翌日にオークランドに移動して1泊しました。彼は葬儀のときはしっかりしていましたが、オークランドの夜は母親のことを思い出したようで、辛そうでした。

マオリの母親はすごく強いらしいです。ジェイミーは右の耳たぶが裂けています。それは彼が高校のときだったと思いますが、耳に穴をあけてピアスをつけて帰ったら、母親に引きちぎられてできた痕らしいです。そんな母親の思い出話をしながら酒を飲んでいる彼を見て、彼と母親の絆の強さを改めて感じました。

何よりもジェイミーの活躍を楽しみにしていたという母。愛する母を土に還し、すべての儀式を終わらせたジェイミーにとっては、一晩、酒を飲んで、マオリの一人息子から日本代表チームのヘッドコーチに切り替える時間が必要だったのでしょう。

彼はマオリの大家族の中で育ったことが色濃く残っていて、代表チームにも家族のような信頼関係を求めたのだと思います。スコットランド戦の後のロッカールームでのことですが、日本ラグビー協会が記録を撮るための公式カメラマンを決め、そのカメラマンがロッカールーム内を撮影するために入っていたことがありました。それを見つけたジェイミーは烈火のごとく怒って、外に出そうとしていました。

マオリの家族の世界は、ジェイミーにとって侵すべからざる神聖な世界です。同じように、ロッカールームは彼にとってチーム51人だけの特別な空間だったに違いありません。だからファミリーの一員である藪木さんがハンディカメラを回していても何も言いませんが、ファミリー以外の人間であるカメラマンが立ち入ることは許せなかったのだと思います。

水泳パンツ

サモア戦で、選手はアイルランド戦の勝利に浮かれることなく、コリニアシさんが言ったように、仲間のために一歩前に出る、自分から行動を起こすことを実践していました。時間はすでに84分を経過し、ロスタイムに入ってラストワンプレー。日本は3トライを挙げ、31対19とリードして勝利は動きませんが、4トライ以上で得られるボーナスポイントが何としても欲しい状況でした。ゴールまで5メートルのほぼ正面の位置のスクラムをじわじわと押し込み、ナンバー8の姫野和樹がボールを持ち出し、左に作ったポイントから出たボールを、スクラムハーフの田中史朗が左サイドで待っていたウィングの松島幸太朗にパス。松島が鋭いステップでサモアの選手の間隙を突いて、土壇場で4トライ目を挙げ、38対19で勝利しました。

私はジェイミーと一緒にコーチ・ボックスにいましたが、あの瞬間は抱き合って喜びました。アイルランド戦は相手が蹴りだして試合終了でしたが、今回はトライを取って終わりました。しかも一時は皆、「（ボーナスポイント）取れなかったな」とあきらめかけていましたから、1次リーグの4試合の中でコーチ陣が一番喜んだのが、あの瞬間でした。

スコットランドもおそらく日本とサモアの試合を見ていたと思います。あのボーナスの1ポイントは、相手にものすごくプレッシャーをかける1ポイントだったに違いありません。

ワールドカップの1次リーグは勝ち点でグループ内の順位が決まります。勝ったチームには勝ち点4が与えられ、引き分けの場合には勝ち点は2、負ければ勝ち点はもらえません。問題はボーナスポイントです。4トライ以上挙げたチームには勝敗にかかわらず勝ち点1が、また7点差以内の敗戦であれば勝ち点1が、それぞれプラスされるのです。

2015年のワールドカップで、日本は南アフリカを破りましたが、スコットランドに負け、スコットランドは南アフリカに負けたため、3チームが3勝1敗で並び、うち2チームが決勝トーナメント進出できることになりました。日本は南アフリカに34対32で勝ったのですが、トライ数は3だったのでボーナスポイントは得られず、この試合の勝ち点は4でした。一方の南アフリカは4トライを挙げ、2点差の敗戦だったので、敗れはしたもののボーナスポイント2を獲得しました。このボーナスポイントによる勝ち点の差が明暗を分け、スコットランドと南アフリカが決勝トーナメントに進出し、日本は同じ3勝1敗ながら決勝トーナメント進出を逃した苦い経験があります。

それだけにジェイミーはワールドカップ開始前の9月18日のチーム・ミーティングの際に、「トップ8への道のり」についてこう話しています。

「ベスト8が我々の目標とするなら、アイルランド戦は準々決勝、サモア戦は準決勝、スコットランド戦は決勝戦だ。ロシアは逆に日本戦を決勝のつもりで向かってくる。前回イングランド大会でポイント差でベスト8入りを逃したことを思い出せ。ポイントを取ることと、特にサモア戦でポイントを獲得することが大事だ」

その貴重なポイントを挙げたことがよほどうれしかったのでしょう。試合後のロッカールームで、ちょっとしたハプニングがありました。ジェイミーのオチャメな一面が見られたハプニングでした。

実は1週間前のアイルランド戦が行われた静岡・エコパスタジアムに、オーストラリア代表チームのキャプテン、マイケル・フーパーから粋なプレゼントが届けられました。彼の関係しているオーストラリアの水着メーカーが、ワールドカップ出場の各国チーム用に特別にデザインしたビキニタイプの水泳パンツでした。日本代表チームに届けられたのは、ブルーの地に桜の花びらがちりばめられ、東京タワー、スカイツリー、いくつかの城が描かれ、「JPN2019」と入っていました。

アイルランド戦に勝利した後のロッカールームで、トニー・ブラウンが突然、スピーチの途中でズボンを降ろし、はいていた水泳パンツを見せたのです。

「今日はこれをはいていたから勝ったんだ。この水泳パンツは縁起がいい」

そしてサモア戦の後のロッカールームでも、ブラウンはスピーチの途中で、「今日もこれをはいてきたから勝ったぞ」と、ズボンを降ろして水泳パンツを見せました。するとすかさず、ジェイミーもズボンを降ろし、「俺も縁起を担いではいてきた」と、同じ水泳パンツを見せました。上半身に黒のチームの公式スーツを身につけたジェイミーが、下半身に桜の花の散った水泳パンツをはいた姿に、チームは大爆笑となったのです。

厳しい檄を飛ばす指揮官としての表情と、水泳パンツを見せておどける仕草。これもオンとオフを見事に切り替えるジェイミーならではの特性の表れかもしれません。

この口の最優秀選手の「スウォード賞」は、アイルランド戦に続いてゲームキャプテンをつとめたラブスカフニに贈られました。ジェイミーは授賞理由をこう述べました。

「全員がこの賞に値するが、今日は彼に贈る。リーチがラグビーに専念できるように、立派に（キャプテンの）役目を果たしてくれた」

最後はリーチがスピーチをして終わりました。

「いろいろな準備をしてくれた（試合に出なかった）メンバーに感謝している。我々はONE TEAMだ。来週、またゼロからスタートして勝ちに行きましょう」

チーム全員の視線は、すでに13日のスコットランド戦に向けられていました。しかし、この翌日、のちに気象庁が、異例の広域浸水被害から「令和元年東日本台風」と命名することになる台風19号が、マリアナ諸島東海上に発生して日本に向かって進み、スコットランド戦に大きな影響を及ぼす事態になるとは、我々は予想もしていませんでした。

第9章 確信――スコットランド戦

【藪木宏之の証言】

台風襲来

その朝、嶋津昭さんは未明から東京・文京区の自宅で携帯電話が鳴るのを待っていました。秩父宮ラグビー場にほど近い「ラグビーワールドカップ2019組織委員会」9階フロアに徹夜で詰めていたセントラル・マネージメント・チームからの電話を受け、事務総長として試合開催の最終決定を下したのは午前5時でした。

「よし、決行しよう」

2019年10月13日。横浜・日産スタジアムで同夜開催の日本対スコットランド戦のキックオフまで15時間を切っていました。

「実は開催の方向性は、前日（12日）夜には決めていました。しかし最終決定は、当日朝にスタジアムの状況を確認してからでないとできません。食事の提供などフルサービスはできないにしても、試合観戦に堪えられるようなサービスレベルを確保できなければ試合は中止せざるを得ません。もう一つはお客様がスタジアムに到着するための交通手段の確保です。新幹線、ＪＲの在来線、私鉄。当日朝の状況を確認して、午前中は動いていないとなれば、到着できるお客様とできないお客様が出てしまうので、試合はできません」

大型の台風19号は12日午後7時前に伊豆半島に上陸、記録的な大雨と強風をもたらしながら日本列島を北上し、13日未明に福島県付近から太平洋に抜けました。死者96人、建物の全半壊2万7684棟という甚大な被害を日本にもたらしました。

ワールドカップ期間中に台風に襲われたケースについては、事前に組織委員会と主催団体のワールドラグビーとの間で綿密な協議が行われていました。中止する、場所を替えて試合をする、無観客で試合をする、など様々な検討が行われ、横浜・日産スタジアムでの開催が不可能な場合には、東京の秩父宮ラグビー場に移して無観客でやろうと、念のため秩父宮ラグビー場を確保していました。

「日本には『台風一過』という言葉があり、時間が経てば過ぎて行くものだから、台風の場合には順延を検討しよう、とワールドラグビーに対して主張していました。12日と13日に予定される4試合を1日ずつずらして開催しようという順延案に、一時は『乗ろう』となりかけたんですが、11日に開催されたワールドラグビーの執行理事会で最終的に却下されてしまいました」

嶋津さんは無念そうに振り返っています。

ワールドカップの開催ルールでは、1次リーグの試合については延期できず、中止する、となっています。1次リーグの試合は、場合によっては中3日の試合間隔で組まれているため、順延すると選手の安全面に影響が出かねないうえ、チームによる不公平が出てくるためです。決勝トーナメントについては逆に中止すると次の試合が組めないので、順延しかありません。12日と13日の試合は1次リーグの最終戦で、いずれも次の試合まで約1週間の間隔があったので、組織委は順延を提案したのですが、執行理事会は原則に固執したようでした。

執行理事会の判断を受け、嶋津さんは10日に記者会見を開き、12日に予定されているイングランド対フランス戦（横浜）とニュージーランド対イタリア戦（豊田）の2試合の中止を発表、13日の日本対スコットランド戦とナミビア対カナダ戦（釜石）の2試合はしばらく状況を見る方針を明らかにしました。

ラグビーより大切なもの

釜石市については12日夜には、すんなりと中止が決まりました。開催地の岩手県知事と釜石市長から嶋津さんに中止の要請が来たのです。スタジアム自体は台風一過で試合ができる状態になったとしても、周辺で災害が起こっている可能性が高い。東日本大震災からの復興を掲げてワールドカップを誘致したのに、その土地がまさに災害にあっているさなかにラグビーをするのですか、と問われたら答えようがない。こういう首長さんらの要請は、災害に敏感な釜石ということを考えれば十分に理解できました。

スタジアムのある釜石市鵜住居《うのすまい》町は、東日本大震災で発生した津波で、死者・行方不明者580人以上、市立鵜住居小学校と釜石東中学校は校舎が全壊するなど甚大な被害が出ました。

釜石市はかつて日本選手権7連覇を達成した「北の鉄人」新日鐵釜石（現・釜石シーウェイブス）の地元で、ラグビーが盛んな街として全国に知られています。市は鵜住居小と釜石東中の跡地に、防災機能を備えたスポーツ公園を整備し、その中に建設するスタジアムにワールドカップの試合を誘致することにしたのです。ワールドカップの試合会場となった全国12会場の中で、最も小さく、そして唯一の新設会場です。ワールドカップの開催仕様に合わせて、仮設のスタンドを作り、合計1万6024の観客席、仮設のメディアセンター、照明設備も備え万全の準備を整えました。

ワールドカップでは2試合が予定され、9月25日のフィジー対ウルグアイ戦には1万4025人のファンが詰めかけました。しかし、もう1試合のナミビア対カナダ戦は、無念の中止となったのです。

準備に準備を重ねてきた釜石市にとっては、開催予定のわずか2試合のうちの1試合が中止になり、関係者の落胆は想像できます。しかし釜石にとって残念なことばかりではありませんでした。

カナダ代表チームは試合中止により、戦わずしてB組最下位が決まってしまいました。すでに釜石入りしていた選手たちはこの日、朝から住宅街に出向き、スコップで道路にたまった泥をかき集め、ポリ袋に詰めて除去するボランティア活動を行ったのです。参加したバックスのピーター・ネルソンがメディアの取材にこうコメントしています。

「試合がキャンセルされて落胆しました。しかし、こんなときだから、ラグビーよりはるかに重要なものが存在するのです。ここでは壊された住宅を何軒も見ました。我々にできることがあれば、どんなに小さな役割だとしても、彼らの手助けになることはしようとしたのです」

「この人たちのおかげで、大会が成り立っている。こんなにまで友好的な国ですから、できるだけの恩返しをしようというのが正しい道です」

このコメントに、開催準備に奔走してきた釜石市の関係者がどれだけ救われたでしょうか。対戦相手のナミビア代表チームも、被災した市民を元気づけたいと、滞在先の岩手県宮古市でファンとの交流会を開催しています。今回のワールドカップで、あるいは大会前の合宿地で、各国選手たちと、地元の日本人コミュニティとの素敵な交流がたくさん生まれました。選手一人ひとりの行動を通して、日本人はラグビーというスポーツが体現する素晴らしい美徳に触れたのです。「ラグビーよりはるかに重要なものがある」。釜石におけるカナダチームの行為は、その一つでした。そしてツイッターで紹介されたこのエピソードは、日本国内はもちろん世界各地で感動を呼びました。

当のカナダチームにとっても、予想外の反響だったようです。４大会連続で出場を果たしたしたカナダのバックス、ＤＴＨ・ファンデルメルビはツイッターに記しました。

「ここ成田空港に一人で座っているが、日本人の行いに感動している。航空会社職員、一般の人々が私のところに来て、『昨日、釜石で協力してくれてありがとう』と言ってくれた。どれくらい驚くべきことか、というと、釜石はここから５３０キロも離れているんだ」

「カナダ人であることを、どれほど誇らしく、素晴らしく感じたか、言い表すことができない。協力してくれた選手たちに感謝したい。ゴールに達することはできなかったが、貢献することができた」

釜石市は後に、ワールドラグビーの年間表彰式で、東日本大震災の甚大な津波被害からの復興を通じてラグビーの価値を高めたとして、「キャラクター賞」を贈られています。

開催地との絆

釜石のノミビア対カナダ戦は中止が決まりましたが、問題は横浜・日産スタジアムの日本対スコットランド戦でした。

　スコットランドラグビー協会のマーク・ドットソン最高経営責任者（CEO）は11日の会見で、日本戦が台風19号の影響で中止になれば「法的措置を検討している」と、順延を要求し、これに対してワールドラグビーが遺憾の意を表明する異例の声明を出す事態にまで至りました。

「我々が日曜日の試合を日程どおりに行えるようできる限りのことをしている中、そして1958年以来、最も大きく破壊的と予想されている台風による、公衆安全への深刻な被害が懸念されている状況で、スコットランドラグビー協会があのような声明を発表したことについて失望している」

　この時点で、日本は3連勝で勝ち点は14、スコットランドは初戦のアイルランドに敗れたものの、その後は連勝してボーナスポイントも取って勝ち点は10。12日にアイルランドがサモアに勝って勝ち点を16として、すでにA組から決勝トーナメント進出を決めており、日本とスコットランドはA組の残り1枠をかけての戦いとなっていました。試合が中止となれば、規定により両チームに2ポイントが与えられ、スコットランドの1次リーグ敗退が決まります。スコットランドがワールドカップの決勝トーナメント進出を逃したことは、2011年大会の一度しかありません。スコットランドはティア1の誇りにかけても、何としても試合をやり、日本に勝って決勝トーナメントに進出すると決意を固めていたわけです。

スコットランド側のこの意向は、嶋津さんの耳にも達していました。同時に日本ラグビー協会幹部からも、日本チームの意向が非公式に伝えられてきていました。

「4年前（2015年ワールドカップ）にスコットランドに大敗したために、3勝を挙げながら決勝トーナメントに行けなかった屈辱を味わっている。スコットランドと試合をするチャンスに、やらないということはあり得ない」

両チームの試合をしたいという強い意向を踏まえたうえで、嶋津さんはギリギリまで開催の可能性を追求したわけです。13日未明の段階で、スタジアムを管理する横浜市からは「何とか開催できる」との回答が寄せられ、交通各社からも「できるだけ始発から電車を動かす」との連絡が入り、開催決定の決断ができたわけです。

嶋津さんは1967年に自治省（現・総務省）に入り、本省勤務だけでなく静岡県財政課長、奈良県総務部長なども経験した地方自治のプロです。総務事務次官を務め、全国知事会の事務総長も経験して、全国の地方自治体との太いパイプを築き上げてきました。岩手県、神奈川県、釜石市、横浜市などとの信頼関係が、土壇場で生きたと言えるでしょう。

嶋津さんはワールドカップが終わった後の2020年3月にこう話しています。

「私は50年くらい、地方団体とのお付き合いをしていますから、そういう意味で私も信頼してもらえているということだと思う。私も地方自治体のことを信頼していますから。試合をやったところがすべて満杯になって、開催した自治体はすごく喜んでくれています。終わって地方自治体にお礼のあいさつに回っているのですが、皆さん喜んでくれているんです。ワールドカップで使えるはずの新国立競技場の完成が間に合わなくなったり、ワールドカップ前の各チームのキャンプ地が整備できなくて大会のスケジュール発表が延期になって、ワールドラグビーと喧嘩したり。大会まではずっとしんどかったですね。大会期間中も台風のことがあったり。でも終わってみれば、開催した自治体の皆さんが喜んでくれて、本当に良かった」

成し遂げた偉業

スコットランド戦当日のチーム・ミーティングの部屋で、リーチはホワイトボードに見入っていました。ボードにはスコットランドの選手一人ひとりの顔写真が貼られ、その横に「左足のキックが巧み」「右サイドのタックルが一瞬遅れる」など、長所や短所が書き込まれています。日本代表の選手たちがこれまでの試合の映像などから、自分と同じポジションの選手について特性を書き込み、リーチはそれを見ながら最後のチェックをしているのです。

「個人的にはスコットランドをボコボコにボコりたいので、自分から盛り上げて最後の1試合、頑張りたいです」

リーチのサモア戦の後のインタビューです。ワールドカップを通して選手の紳士的な態度が注目を集め、いつもは内省的な応答が多いリーチだっただけに、発言は驚きをもたらしました。リーチは前回のワールドカップでのスコットランド戦惨敗を経験しているだけに、この試合にかける気持ちは特別なものがあったのでしょう。

円陣を組むように丸く配置された椅子に、選手たちが順次、着席しています。松島幸太朗はスマートフォンで音楽を聴きながら、田中史朗はいつものようにガムを配って回っています。

最後にスーツ姿のジェイミーが入ってきました。上着を脱ぐと、手にした紙を見ながら話し始めました。

「3年間、この試合に勝つことをすべての目標にしてきた。相手は（ボーナスポイントの取れる）4トライを狙ってくる。ただ我々がここまで強いということは彼らの構想には入っていない。ワールドカップは勝機を積み上げていくことが大事だ。3点、6点と取って積み上げていく」

「相手の嵐を乗り越えて、我々の嵐を相手にぶつける。すべてを出し切って体を張れ」

田中は緊張したときの彼のクセで、細かく足をゆすりながら聞き入っています。ジェイミーは一呼吸おいて、合宿などのミーティングで何度か披露したエベレスト（標高8848メートル）の初登頂のエピソードを引用しました。1953年5月29日、ニュージーランド人の登山家、エドマンド・ヒラリーとチベット人シェルパの2人が人類で初めて成し遂げた偉業について、後世の人間は2人の名前を忘れても、2人の業績は決して忘れられることはない、というものです。

「人生は一度のチャンスしかない。今回は賭けるに値するチャンスだ。人の名前は憶えていなくても、（その人の）偉業は絶対に憶えている」

そしてメンバーに向けた自作の三行詩を披露してミーティングを終えました。

今日、与えられたこのチャンスに感謝しよう
（台風で）犠牲になった人たちのためにも勇敢に
皆のことを信じている　YAMATODAMASHII

リーチがスコットランドとの試合後のインタビューで、「今日は私たちにとって単なるゲーム以上のものだった」と語ったように、台風19号のもたらした大きな被害の重さは、選手たち全体を覆っていました。松島も「自分たちがしっかり勝って勝利を届けることが最大にできること」と、強い気持ちを強調していました。両チームの選手が台風の犠牲者に黙禱をささげた後、キックオフのホイッスルが鳴りました。

敗れれば1次リーグ敗退が決まるスコットランドは、予想どおり、開始早々から一丸となって圧力をかけ、前半6分に先制トライを取りました。

日本は、負傷が完全に癒えて初先発した福岡が17分にタッチライン沿いに抜け出し、倒されながらも放った左手のオフロードパスを松島が受けてトライ。さらに25分にはフッカー堀江からロックのジェームス・ムーア、フルバックのウィリアム・トゥポウとオフロードパスをつないで、最後はプロップの稲垣啓太がゴールに飛び込み、前半を21対7で折り返しました。

後半も開始早々、相手のボールを奪った福岡が、そのまま走り切って28対7とリードを広げました。ただスコットランドも意地を見せ、後半9分、14分と続けてトライを奪い、スコットランドの時間帯が続きましたが、日本代表は体を張ってよくしのぎ、28対21で振り切りました。

敗戦によるポイント差ではなく、引き分けでもなく、スコットランドに有無をも言わせぬ勝利を挙げての決勝トーナメント進出でした。

スコットランドのゲームキャプテンを務めたスクラムハーフのグレイグ・レイドロー

は、

「我々は前半、よくなかったが、後半少しは盛り返せたかとは思います。しかし常に日本を追う展開は厳しかった。我々はほとんどボールを手にすることができなかった」

と完敗を認め、英紙ガーディアンは「日本がスコットランドを破り、ラグビーワールドカップを揺るがした」と書き、「2019年の驚異的なスポーツの瞬間」と讃えました。

試合後のロッカールームは、1次リーグ全勝での8強入りに、喜びがあふれていました。完全復活した福岡に「スウォード賞」の日本刀を渡して、ジェイミーが言いました。

「まだこの先がある。コーチと選手がお互いに信頼していけば、なんでもできる」

日本代表は決勝トーナメントという未知の領域に、歩を進めました。

第10章 敗者——南アフリカ戦

【藤井雄一郎の証言】

ラストサムライ

突然の登場でした。

ミーティングルームの後方のドアが開き、グレーのスーツの長身の男性が姿を現したとき、誰かが「マジーッ」と大声をあげ、続いて「ワーッ」と歓声が湧き起こりました。中央の通路を進み、最前列の席に座っていたリーチ・マイケルと握手を交わすと、俳優の渡辺謙さんは全員を見回し、低い声で少し照れたように言いました。

「カツモトです」

「カツモト」とは、映画「ラストサムライ」（2003年）で渡辺さんが演じた明治期の不平士族の領袖、勝元盛次のことです。

「（スコットランド戦は）まったく予想どおりの勝ち方をして決勝ラウンドに勝ち残ってくれて、心から誇りに思います。目標は達成したと思ってらっしゃるかもしれませんが、まだいけます。絶対いけます」

渡辺さんはそこで「ネッ」と言ってリーチを見ました。ドッと笑いが起きました。

「いま、ほんとに日本ではいろんな災害があったりして、ちょっと気持ちが落ち込んでる人もたくさんいるんです。でもこのチームの、なんていうんだろ、汗と涙がどれほど日本を勇気づけているかわかりません。もう少し、もう何試合か、ぜひ続けてください。お願いします」

渡辺さんはここで、自らの病について話し始めました。渡辺さんは1987年のNHK大河ドラマ「独眼竜政宗」に主演して一躍スターダムに駆け上がりましたが、1989年に初主演映画「天と地と」の撮影中に倒れ、急性骨髄性白血病と診断され、途中降板を余儀なくされています。この年の1月に神戸製鋼は初の日本選手権制覇を成し遂げており、交流のあった神戸製鋼のロック、大八木淳史さんらが優勝パネルを渡辺さんの病床に贈って激励しています。

「僕も30年くらい前、病気をしたときに神戸製鋼の大八木君に非常に大きく勇気づけられた記憶があります。それに少しでも恩返しするように、僕もこの30年間、頑張ってきました。またこうやってジャパンのラグビーに勇気をもらえることを本当に誇りに思っています」

渡辺さんの眼はうるんでいました。

「（ホテル）ニューオータニには怒られるかもしれませんが、みんなで鬨《とき》の声をあげたいと思います」

と言って、「シャー」と鬨を3度あげ、全員が続きました。

滞在時間は3分ほど。渡辺さんは登場したときと同様、サッと扉から去っていきました。南アフリカ戦を翌日に控えた2019年10月19日のチーム・ミーティングでのことです。

鬼になろう

「カツモト」はこのチームにとって一つのキーワードになっています。モールのディフェンスは「砦を守る」という意味で「カツモト・ディフェンス」と名付けられていました。

カツモトが登場する「ラストサムライ」は、明治維新後の日本が舞台のハリウッド映画です。トム・クルーズ演じる主人公のオールグレンは米国の南北戦争で北軍士官として活躍し、明治政府によって軍備近代化の指南役に招かれたという設定です。維新政府に参画しながら途中から野に下り、維新政府に不満を抱く士族らを率いる勝元盛次との戦いの中で、オールグレンは捕らえられ、勝元が治める集落で暮らすようになります。オールグレンは次第に勝元や士族たちの精神世界に魅せられ、最後は勝元軍に加わって政府軍と戦います。

ジェイミーは外国人のオールグレンが、武士道精神の象徴のような勝元を助けて共に戦う、という設定に、外国出身選手と日本人選手が一体となって戦う日本代表チームを重ね合わせていたのかもしれません。

政府軍との最後の決戦で、オールグレンは勝元の長男の遺品の赤い甲冑をまとって戦いますが、鹿児島県の甲冑業者に依頼して、この赤の甲冑の等身大のレプリカを作ってもらいました。この甲冑は2018年5月から、どこに移動しても常にチームのミーティングルームに置かれ、メンバーは「カツモト」と呼んで、チームのシンボル的存在になっています。

「チームのシンボル」は、決してジェイミー独自の発想ではありません。戦闘集団を統率するヘッドコーチは、チームを統合するシンボリックな存在を求めたがるのでしょう。前任のヘッドコーチ、エディー・ジョーンズは「ジャパン・ウェイ」を掲げ、機敏さとスピードを備えた忍者と、わずかなスキも見逃さない鋭い眼を持つ侍、この2つをシンボルに据えたいと考えました。エディーは著書『ハードワーク』の中で書いています。

「この二つを、選手たちにメッセージとして伝えたく思い、あるアーティストにお願いして、忍者の体と侍の目をデザインした、シンプルなシンボル・マークを作ってもらいました。そして、チームの中で渡される、どんな小さなメモにもこのマークが印刷されているようにしました」

「シンボル・マークには、もとよりごくごくシンプルなメッセージしか込められません。しかし、だからこそ、いいのです。それを事あるごとに目にする選手は、意識するよりはるかにしっかりと、忍者の速い動きと侍の鋭い観察眼を体得するはずです[1]」

ジェイミーも赤い甲冑に、オールグレンが勝元とともに戦ったように、多様性を備えた集団がＯＮＥ ＴＥＡＭとなって戦うメッセージを込めたのだと思います。そして前述したように、宮崎合宿で「グローカル」という概念を持ち込んで、小さな集団に分けて文化の違いの垣根を取り払う試みを行い、さらに開幕戦前日に「パトゥ」のレプリカを全員に配って、ともに戦う意識を徹底させ、ワールドカップという戦いの舞台に登ったのです。

「ラストサムライ」では、生き残ったオールグレンが明治天皇に拝謁し、日本精神の象徴として、勝元の遺刀を渡すシーンがあり、日本刀が映画の中で重要な役割を担っています。ジェイミーは京都・太秦《うずまさ》の東映京都撮影所に依頼してレプリカの日本刀を作ってもらい、甲冑と一緒にミーティングルームに飾るとともに、ワールドカップの対戦チームのキャプテンへの記念品、またゲームの最高殊勲選手への「スウォード賞」として贈ることにしたのです。

「カツモト」と呼ばれた赤い甲冑と日本刀の隣に、宮崎合宿の2019年6月からさらに「ダーク侍」と名付けられた黒い小さな甲冑が加わるようになりました。

「ティア1のチームを倒すには、正攻法ばかりでなく、相手が嫌がるようなプレーも必要だ」

というジェイミーの考えを象徴する存在として、ダーク侍が置かれたのです。試合後の表彰でも、倒れた選手のボールを奪ったり、相手選手のボールに絡んでペナルティを得る「ジャッカル」を連発するなど相手が嫌がるようなプレーでチームに貢献した選手に対し、「ダーク侍賞」として黒い水晶の珠が贈られています。

「ダーク侍」の意義について、リーチはパシフィック・ネーションズカップを前にした7

月21日のミーティングで、メンバーに向けてこう発言しています。

「大切なのはダーク侍。良い人ではテストマッチに勝てない。ダークな部分がないと勝てない。鬼になろう。鬼になって恐怖心を（克服するように）鍛えよう。弱さを（克服するように）鍛えよう」

気合が入りすぎた

もともと渡辺さんは、スコットランド戦前日のチーム・ミーティングにゲストとしてお招きすることになっていました。コーチ陣の打ち合わせの中で、ゲストに呼べないかという提案が出て、伝手を頼ってお願いしたところ、快諾してもらえたのです。

ところが飛行機が台風の影響を受けて来られなくなり、代わりに渡辺さんの手書きのメッセージがファックスで送られてきました。台風の影響で、スコットランド戦が行えるかどうか不透明だったチームを気遣い、健闘を祈るメッセージでした。スコットランド戦前日のチーム・ミーティングでは、渡辺さんとトム・クルーズの2人が丘に立つ写真を背景に、スクリーン上にそのメッセージを日本語と英語で映し出しました。

「天の采配で心穏やかならぬ数日を過ごされたと思います。しかし今のジャパンは不動です。恐れず、侮らず、冷静に熱く熱く戦えば勝機はこちらにあるのです。輝かしいノーサイドを迎えてください。武運長久を祈る。　勝元盛次」

そして渡辺さんの願いどおり、日本代表がスコットランドをくだすと、渡辺さんから「ぜひ南アフリカ戦の応援に駆け付けたい」との申し出があり、前日ミーティングへの突然の登場が実現したのです。

「カツモト」こと渡辺さんの登場で、チームの士気は大いに上がりました。ワールドカップ後にジェイミーが「このワールドカップの一番のハイライトは何だったか」と聞いて、みんながアイルランド戦とかスコットランド戦とか言いましたが、ジェイミー自身は「渡辺謙が来たこと」と言っていました。それくらい、インパクトがありました。ただ私は、少し気合が入りすぎたかなと感じました。試合前日のミーティングは、実はあんまり気合が入ってはいけないのです。

試合当日、10月20日のチーム・ミーティングはさすがにいつもと違った雰囲気が漂っていました。というより、ジェイミーが敢えていつもと違った非日常を演出したと言っていいかもしれません。派手なじゅうたんのミーティングルームの中央には、椅子を裏返しにしてバリケードのように積み上げた「小山」ができていました。それを取り囲む円陣のように、グレーの革張りの椅子が配置されています。いつもはどの席に着こうが自由ですが、この日は選手一人ひとりに席が指定されていました。藪木さんのハンディカメラも、この日はシャットアウトで撮影が禁止され、私も出席しませんでした。非日常のただならぬ緊張感の中で、ジェイミーは、南アフリカの圧倒的圧力に対して、逃げずに仲間を信じて戦うことを強調したそうです。

レベルの違い

東京・味の素スタジアムで行われた準々決勝戦。南アフリカはジェイミーの予想どおり、フォワード、バックス一体となって力で日本代表を包囲してきました。開始早々、日本陣ゴール前25メートル付近の最初のスクラムを押され、左に展開されて、ウィングにあっさりとゴールラインを割られました。しかしその後は、日本代表もよく耐え、一進一退の攻防が続きました。18分過ぎには南アフリカボールのスクラムを押してペナルティを取り、田村がゴールを決めて前半を3対5で終わりました。

ハーフタイムのロッカールームでリーチが言いました。

「ヒーローはいらないからね。一人ひとりがステップアップして、自分の役割を丁寧にやろう」

しかし後半は南アフリカの素早く強固なディフェンスの前に、日本代表は自分たちの役割を果たすことができず、攻撃はことごとくつぶされてしまいました。終わってみれば3対26。完敗でした。

試合後のインタビューで、堀江翔太が語りました。

「自分たちが用意してきたことは全部出して、相手を苦しめたところもあって。前半はうまくいったところもあったけど、やはりレベルの違いも見えました。若い選手たちが僕たちの姿を見て、次に上に上がる気持ちを持ってくれれば幸いかなと思います。最後まであきらめない姿を全員が持っていたし、一つ勝つごとに良いチームになっていって、最高のチームでした」

リーチも語っています。

「この結果に満足してはいないし、不満足でもない。このチームを誇りに思います。南アフリカが強すぎたとも感じない。ただ相手の強みを100%出させてしまって、自分たちはそこに対応できなかった」

田村優の目は真っ赤でした。田中史朗は泣きじゃくっていました。流大も泣いていました。

南アフリカの選手たちと抱き合い、握手を交わして健闘を讃えあった後、ピッチ上で自然に円陣が組まれました。選手とコーチが円陣を組むことはよくありますが、このときはスタッフ全員が入り、51人の大きな輪が出来上がりました。ジェイミーを中心とする51人のONE TEAMの戦いがこれで終了すると、誰もが感じていました。

リーチの音頭で一本締めをし、選手たちはスタンドから声援を送り続けているファンの皆さんに整列して頭を下げました。南アフリカ代表も、このワールドカップですっかり定着した日本風のお辞儀で、スタンドのファンに応えていました。

山中亮平が、トンプソン・ルークが、レメキ・ロマノラバが、スタンドで応援していた我が子をピッチ上で引き取り、抱いています。リーチも愛娘を肩車しています。家庭を、子供との大切な時間をすべて犠牲にして、この4年間をワールドカップでの勝利のために捧げてきた彼らにとって、父親としてせめてもの子供たちに対するお礼の表現だったのかもしれません。

「敗戦チームが……」と言われるかもしれません。でも、彼らには南アフリカとの試合に敗れてもなお、我が子を抱いて誇りを持ってピッチ上を歩くだけの権利があると思います。それに値するだけのことを成し遂げた男たちです。良い風景でした。

「あー、終わったな」

ピッチに座り込んだ誰もが、長い戦いの日々の終了に満足していました。安堵していました。

「あー、終わってしまった」

誰もが長い戦いの日々の終了に、寂しさを感じていました。

勝つメンタリティー

南アフリカ戦を前にして、我々スタッフは疲れ切っていました。南アフリカに勝って準決勝に進むと、後は決勝戦か3位決定戦になります。どちらにしてもあと2試合、2週間やらなければなりません。

いまだから明かせますが、南アフリカ戦当日の昼食は、スクラムコーチの長谷川慎と2人で食べていました。私が、

「今日勝ったら、あと2週間やらないかんな」

と言ったら、長谷川も言いました。

「もういいな」

私事ですが、長男は仕事の関係でミャンマーに駐在しています。宗像の自宅には宗像サニックスブルースでプレーする次男がいます。小学生の三男は、学校の関係でニュージーランドに妻と一緒に住んでいます。私は家族とも離れて二百何十日か、ずっとホテル暮らら

しを続けていました。目標に据えてきたベスト8を達成し、さらに2週間という時間が現実問題として立ち現れてきました。選手はもちろん勝つ気満々でした。我々は2人だけだったので、ついポロッと本音が出てしまったのだと思います。

ロッカールームに戻った後、リーチは一人、紫の袋に入れた日本刀のレプリカをもって南アフリカ代表のロッカールームに向かいました。途中のインタビューエリアでコーラを片手に白いTシャツに着替えて現れたスクラムハーフ、デクラークと握手を交わし、談笑しながら記念品の日本刀を贈りました。

日本のロッカールームには、世界最高のフッカーと言われる南アフリカ代表のマルコム・マークスがやってきて、スクラムを組み合った相手の坂手淳史とジャージを交換し、一緒に記念写真を撮っています。長谷川は携帯で稲垣啓太とのツーショット写真を撮り、「笑わない男」とあだ名がついた稲垣の頭を叩きながら、「笑えよ」とけしかけています。ロッカールームには笑い声があふれていました。

ジェイミーが最後のスピーチをしました。試合のたびに、どういう気持ちで試合に入っていくかという「マインドセット」を大切にしてきたことを振り返ったうえで、

「マインドセットがうまくいけば自信がつくけれど、それはその瞬間だけ。次の試合ではまた次のマインドセットが必要になってくる」

ジェイミーはこう言って、ワールドカップ後のメンバーの生きる支えとして「勝つメンタリティー」を強調しました。選手の中には、次の2023年フランス大会にも代表メンバーとして選ばれる人がいるでしょう。しかし、年齢の問題、あるいはケガなどによって、今回のワールドカップが日本代表として最後のゲームになる人も出てくるでしょう。ジェイミーは、選手たちがこれからどんな道に進むにせよ、人生で壁にぶつかったときに、共に過ごしたこの3年間で培ったものを思い出して乗り越えてほしいと願ったのだと思います。

「我々は勝つメンタリティーを身につけている。これは今後もずっと残り、一生ついて回る。スポーツとかに限定した話ではなく、自分の内面の要素だ。言い訳とか、誰かのせいにするのではなく、自分を見つめて解決法を探っていく。（このチームで）身につけた勝つメンタリティーを大切にしていってほしい。これは自分の子どもとか、チームの仲間とか、他人に与えられるものでもある。この感覚を大切にしていこう」

リーチの音頭で「ヴィクトリーロード」がロッカールームに響きました。日本代表の世界ランキングはこの時点で、過去最高の6位まで上がっていました。

多様性の力

南アフリカ代表チームのラシー・エラスムス監督は試合後の会見を終わるとき、「最後に一言、言わせてください」とわざわざ断って口を開きました。

「日本のメディアの皆さん、国民の皆さん。今回の日本代表を、どうぞ誇りに思ってください。8強に入ったこと、それもプールを1位で通過しての、ティア1の上位国が2つもいる中での、全部勝ってのトップ通過です。本当に素晴らしい結果です。私たちは今日、運良く勝つことができましたが、ハーフタイムまでは本当に厳しい戦いだった。非常に緊張していました。不安でした。日本のラグビーはとても良い状態にある。そして観客の皆さんは、対戦相手に敬意を表してくれる。私たちは本当に素晴らしいワールドカップを過ごしています」

今回のワールドカップは結局、この南アフリカ代表チーム「スプリングボクス」が、エディー・ジョーンズ率いるイングランド代表を破って、3度目の優勝を飾って幕を閉じました。スプリングボクス127年の歴史の中で、61代目にして初めて黒人でキャプテンを務めたシヤ・コリシは優勝後にこうコメントしています。

「様々な背景、人種が一つになって優勝できた。一つになれば目標を達成できることを示せた」

南アフリカはアパルトヘイト（人種隔離）政策による白人支配下の血みどろの闘争を経て、1994年にネルソン・マンデラが黒人初の大統領に就任して以降、4代にわたって黒人政権が続いています。人口の80%が黒人、白人が8%、混血が9%と、民族融和に悩む多民族国家のキャプテンならではのコメントだと思います。

南アフリカのラグビーは、かつて裕福な白人層にだけ許されるスポーツで、アパルトヘイト政策ゆえに、最初の2回のワールドカップ（1987年、1991年）は参加が認められませんでした。

マンデラ大統領は、ラグビーというスポーツによって、分裂した国家を一つにまとめようと、就任翌年の1995年の第3回ワールドカップを誘致し、南アフリカ代表は見事に優勝を飾ります。このときの様子はクリント・イーストウッド監督の映画「インビクタス負けざる者たち」（２００９年）が活写しています。このときの南アフリカ代表メンバーの中で黒人は１人だけ、南アフリカが２度目の優勝を果たす第６回ワールドカップ（２００７年）でもわずか２人です。今回は、コリシ主将を含め黒人選手は11人を数えます。代表チーム内での民族融和は、ゆっくりですが、着実に進んでいます。

日本代表は前に書いているように、日本人選手16人、日本以外の６ヵ国出身の選手が15人という構成です。ジェイミーはこの多様性を尊重し、生かしながら、ＯＮＥ ＴＥＡＭにまとめあげようと血の滲むような努力を重ねてきたと言えます。私は、様々な文化が入り混じったことで、日本人だけ、あるいはニュージーランド人だけでは生まれ得なかった強みが生まれたと感じています。南アフリカも、国籍こそ一つかもしれませんが、異質な文化的背景の黒人と白人の選手が入り混じることで、新たな強さが生まれたことがあるのではないでしょうか。その意味でジェイミーとエラスムス監督には共通点があるのかもしれません。

素に戻って

南アフリカ戦が終わった後、宗像に戻って休暇を取っていたらジェイミーから宮崎のリゾートホテルに呼び出されました。10月26日の準決勝で、彼の母国ニュージーランド代表のオールブラックスがイングランドに敗れてしまいました。応援に来ていた親戚の人たちや、ニュージーランドのラグビー協会の人たち8人で、休暇を楽しんでいたようです。

皆でお酒を飲みながら話をし、ワールドカップを振り返りました。ジェイミーは母国の人たちに囲まれ、ワールドカップ期間中とは別人のようにリラックスしていました。このワールドカップで、ジェイミーは、アイルランドやスコットランドに負けたら悔しい、と思えるところまで日本代表の気持ちを変え得たと、改めて感じました。もしかしたらそれが今回のワールドカップにおける彼の最大の功績かもしれません。

以前、私の友人がジェイミーと飲んでいたときに私の話になって、ジェイミーが、

「彼といるときは素に戻れる」

と言っていたと後から聞かされました。

何人かの日本人選手からは、私がいるとジェイミーの機嫌がいいから、できるだけチームと一緒にいてほしいと真顔で言われたこともありました。

私は代表チームにおける自分の役割を、ジェイミーと日本人選手の間の「接着剤」であり「緩衝材」と思ってやってきました。でもひょっとしたら、もう一つ、ジェイミーの「精神安定剤」の役割を果たしていたのかもしれません。それもまた、私なりのチームへの貢献だったのかな、と思います。すべての日程を終え、親類の人たちと、「素に戻って」楽しそうに酒を飲み、話しているジェイミーを見ながら、感じました。

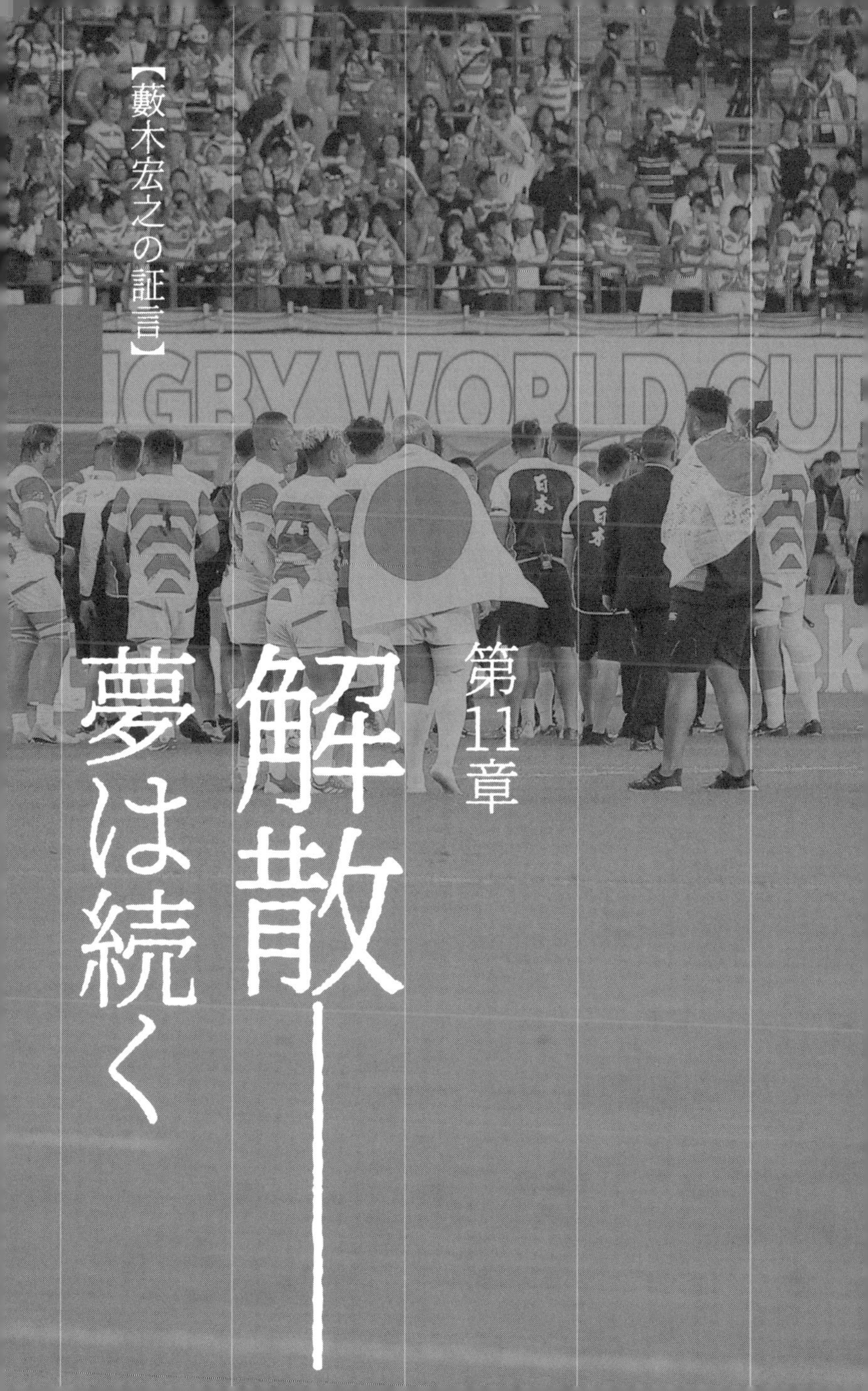

第11章 解散ー夢は続く

【藪木宏之の証言】

ノーサイド

ラガー等の　そのかちうたの　みじかけれ

１９３４年（昭和9年）に、日本代表がオーストラリア学生選抜を東大阪・花園ラグビー場に迎えて14対９で勝利を収めたときに、俳人の横山白虹が詠んだ彼の最高傑作とも言われる句です。

ともに死力を尽くして戦った敗者への気遣いがよく表れ、ラグビー精神を見事に掬い取っているように思えます。

日本にラグビーを伝えたのは、慶應義塾大学理学科英語講師、E・B・クラーク氏と、ケンブリッジ大でプレー経験のある友人の田中銀之助氏だと言われます。慶應義塾體育會蹴球部（ラグビー部）が産声を上げるのは、１８９９年（明治32年）のことです。以来１２０年余、日本で育まれたラグビー文化の代表格は「ノーサイド」精神ではないか、と思います。

秩父宮ラグビー場も、現在は改修されてチームごとに別々のシャワールームで汗を流していますが、かつては浴場が一つあるだけで、試合が終わった両軍の選手たちは、まさにノーサイドでお互いに体を流しあい、一つの湯船につかって健闘を讃えあっていました。ティア1の諸国では、「ノーサイド」はもはや死語に近く、試合終了は「フルタイム」と表記されることが多いようです。しかし、日本では「ノーサイド」は厳然としてラグビーの試合終了を意味する言葉として理解され、一般社会でも対立を経て和解に向かう状況を指す言葉として広く使われています。

南アフリカ戦に敗れ、我々51人のチームの戦いも、ついに「ノーサイド」の時を迎えました。

準々決勝の南アフリカ戦が終わった夜は、チーム全員が夜通し飲んでいたと思います。やはり「これで終わりだ」という寂しさが、どうしようもなくこみあげてきていました。翌日は午前11時から、明治記念館で選手全員が出席しての記者会見が予定されていたので、メディア担当の私は気が気ではありませんでした。会見で質問が来たら、とてもまともに答えられないような状態の選手が、何人もいました。

何とか無事に記者会見を乗り切り、ホテルに戻って51人全員でビュッフェ形式の昼食をとりました。好きな料理を取って、いくつか用意されている丸テーブルに分かれて座って食事をするのですが、テーブルの間のそこここで、選手やスタッフが握手して肩を叩いてハグして、寂しい光景でした。

「ああ、本当にノーサイドなんだ」

みんな頭では理解しているわけです。でも家族と過ごすよりずっと長い時間を共にしてきたこのチームが、これでノーサイドになるという現実が、どうにも受け止めきれなかったのだと思います。最後は丸テーブルを運んでくっつけあって、みんなで一つになって座って……。

リーチ・マイケルが泣いていました。ジェイミー・ジョセフの目にも涙があふれていました。

ワールドカップの自国開催。大変な7週間ではありましたが、代表チームの選手だけでなく、我々スタッフも素晴らしい体験をたくさんしました。

勝たねばならない、という重圧は確かに経験した者にしかわからないものがあります。しかし、スタジアムに足を運んでくださった方はもちろん、全国16ヵ所に開設されたファンゾーンで、街のスポーツバーの片隅で、そして家庭のテレビの前で、ファンの皆さんが送ってくださった声援が、とてつもない力に変わることを体験しました。

そして何よりも、ラグビーという素晴らしいスポーツに触れ、たくさんの日本人がその魅力に気づいてくださり、ラグビーが日本社会に受け入れられたと実感できたことは、私たちのこれからの人生の糧となるような、かけがえのない財産でした。

外国で開催されたワールドカップの場合、選手やスタッフは大会が終了すれば同じ飛行機で一緒に帰国してきます。「ノーサイドだ」と理解する時間的猶予があるわけです。しかし自国開催の場合、それぞれの選手やスタッフが、自分の戻る先の飛行機や新幹線の出発時刻に合わせて、突然のようにバラバラに去っていくのです。

我々スタッフは事後処理があってもう1泊するので残るのですが、選手たちは丸テーブルの椅子から櫛の歯が欠けたように、1人減り、2人減りと、去っていくのです。「解散」とは誰も言わないけれども、これで本当に「解散」なんだと嫌でも突きつけられるわけです。主のいない椅子が増えていくのを見て、自国開催だからこそ、味わわねばならない悲しい場面があることに気づかされました。

最大のレガシー

年が明けた２０２０年初頭の記者会見で、ジェイミーは改めて２０１９年ワールドカップの成果をこう総括しています。

「選手の取り組み次第で、やろうと思ったことが成し遂げられると証明されたもの」

確かに今大会で、日本のラグビーが世界に立派に通用することが証明されました。

過去の歴史を振り返ると、日本ラグビーが世界のラグビーファンに存在をアピールできたことが、何度かあります。

１９６６年から１９７１年まで日本代表監督の座にあった知将、大西鐵之祐さんはインターネットなどがない時代に、ラグビーの最新情報が書かれた欧州の本や雑誌を郵送で取り寄せ、研究を重ねてフォワード、バックス一体となった「接近・連続・展開」という日本人の特性を生かした独特な戦法を編み出しました。この戦法を引っさげて、１９６８年にはニュージーランドのオールブラックス・ジュニアを倒し、１９７１年にはイングランド代表を3対6とあと一歩まで追い詰め、「大西魔術」と言われる伝説の試合を演出しています。

さらには2015年大会で3勝を挙げたエディー・ジョーンズが挙げられるでしょう。大西さんのときは外国出身者が桜のジャージを着ることは想像できませんでしたが、ラグビーのプロ化、国際化の波に乗って、2015年ワールドカップのエディー・ジャパン31人は、日本人21人に、ニュージーランド出身7人、トンガ出身2人、オーストラリア出身1人が加わった構成でした。エディーは「忍者の体と侍の目」をシンボルに掲げ、日本人の生真面目さを生かし、「ハードワーク」と「規律」によってチームを掌握し、「ジャパン・ウェイ」と名付けた日本人にあった戦法で世界と対峙しました。その戦略の根底には、あくまで日本人というものが据えられていました。

エディーの後を受けたジェイミーの率いる日本代表は、日本人16人に、ニュージーランド、トンガ、南アフリカ、韓国、オーストラリア、サモアの6ヵ国の出身者が加わり、さらに多様な文化が入り混じる集団となりました。ジェイミーは、エディーの築き上げた土台の上に、「グローカル」を標語として多文化の融合を新たな力に変える道を選択しました。日本という単一文化、あるいはニュージーランドのマオリという単一の文化だけでは生み出す力に限界があることを悟り、異なる文化を融合させ、お互いの良さを尊重してONE TEAMとすることによって、1足す1が2ではなく、3にも4にもなりうることを証明してみせたのが、ジェイミーのこの3年間だったのではないでしょうか。そこでは日本人という概念は、もはやほとんど意味を持たなかったように思います。日本代表チームでありながら、日本人という概念は消し去っている。この点が、ジェイミー・ジャパンが大西さんやエディーが率いた日本代表チームと決定的に違う点だと思います。

宮崎合宿で様々な国の出身者を混在させた10人程度のグローカル・チームを作り、まず小集団の中で文化の壁を乗り越える体験を積ませ、それをチーム全体に広げようと試みました。「カツモト」という、外国人が伝統的な日本のサムライを助けて共に戦うストーリーのシンボルを掲げ、「パトゥ」のようなチームの一体感を醸成する小物を駆使し、自作の詩を含め、十分に練り上げたメッセージを的確な時期に発することによってONE TEAMをまとめ上げる。ジェイミーと共に歩んできたこの期間の私のメモを読み返すと、このチームは文化の多様性、多文化の融合によって生まれる力が、世界でどこまで通用するか、ジェイミーが挑んだ壮大な実験だったと思えてきます。そしてその過程と成果の記憶こそが、我々が次の世代に引き継ぐべき、今回のワールドカップ最大のレガシーではないかと思います。

日本社会がワールドカップを通して、「にわか」と呼ばれる広範なファン層を生み、社会現象に発展するまでにラグビーというスポーツへの理解を深めた背景には、日本代表の初のベスト8進出という快挙があったことは間違いありません。しかし、試合での勝利に加えて、あるいはそれ以上に、このチームが体現する多様性の生み出す力の魅力に、我々日本人が魅了されたことがあるのではないでしょうか。

そして多様性を体現する象徴としてのキャプテン、リーチ・マイケルの存在は大きかったと改めて思います。ニュージーランドから日本の高校に単身留学し、ある意味で日本人以上に日本文化を理解しようと努力してきたリーチが、その発言、そのプレー、その日々の行動を通して、日本社会に発信し続けたメッセージの力は大きかったのではないでしょうか。ジェイミーとリーチ。この2人の組み合わせはまさに天の配剤だったと、今になって感じます。

東芝のトップとして、トップリーグの「東芝ブレイブルーパス」の一員、リーチと身近に接してきた日本ラグビー協会名誉会長の岡村正さんは言います。

「リーチをキャプテンに選んだことはジェイミーの傑出した選択だと思います。ジェイミーとの密度の濃い話し合いを続けることで、リーチは日本代表チームの持つ多様性をどう活かすかを考えてきた。ジェイミーとのコンビネーションが、リーチをこういう素晴らしいリーダーに育て上げたんではないか、と思いますね」

ラグビー精神

ジェイミーとリーチ、この2人のコンビが牽引するONE TEAMの魅力に日本社会は感応し、ワールドカップ日本大会は大成功を収めたと言えます。日本代表チームの健闘はもちろん大きな要素ですが、日本国民がラグビーというスポーツに触れ、その魅力を理解してファンになってくれたことも大きかったと思います。

主催団体ワールドラグビーが掲げるラグビー憲章は、5つの価値をうたっています。

「Integrity」（品位）

「Passion」（情熱）

「Solidarity」（結束）
「Discipline」（規律）
「Respect」（尊重）

の5つです。ラグビーというスポーツが体現する5つの価値、ラグビー精神とでもいうべきものが日本人の心に響いてくれたのでしょう。

第4章でも引用したスポーツライターの藤島大さんは、著書『人類のためだ。』の中でラグビー精神について書いています。

「ラグビー精神。抵抗を覚える響きだ。でも生き残ってほしい。なぜなら、それは『性善説を前提とする絶対の価値』だからだ。計三十人もが、激しい肉体接触をともなう競技を、単独のレフェリーと、解釈の幅の広いルールのもとで行う。『そもそも人間はフェアプレーをする動物である』という了解がなくては、とても成立しない」[1]

「品位」を保ち、「情熱」を傾け、仲間と「結束」して敵にあたる。「規律」をもって戦い、終われば相手を「尊重」することを忘れない。藤島さんが「生き残ってほしい」と願ったラグビー精神は、日本代表の中に脈々と受け継がれ、日本のファンはそれを敏感に感じ取りました。日本が敗れた後もラグビー人気は衰えず、南アフリカ対イングランドの決勝戦は7万103人の観客を集め、2002FIFAワールドカップのときの横浜・日産スタジアムの最多動員記録を大きく塗り替えました。ラグビー精神が日本人の心に届いたことの、何よりの証左だと思えます。

大会を通じての観客動員数は延べ170万4443人、1試合の平均観客数は3万7877人を記録しました。チケットの販売枚数も約184万枚、販売率は99・3％と驚異的な数字を達成しています。

日本ラグビー協会が2020年6月に発表したワールドカップ日本大会の分析レポートでは、海外からの観客は24万2000人。1人あたりの滞在期間は16泊で、消費金額は68万円余、経済波及効果はワールドカップ史上最大の6464億円にのぼります。

ワールドラグビーのビル・ボーモント会長は、大会終了時のコメントで日本大会を絶賛しています。

「最高の大会の一つであり、私たちが愛するラグビーに新たな観客をもたらしたという点で非常に画期的でした。全世界のラグビーファンを代表して、このような素晴らしく、謙虚で、歴史的なホスト国であった日本と日本人に、心の底から感謝したいと思います。

（中略）日本大会は様々な意味で記録を破り、ラグビーの印象を劇的に変えたのです」

日本大会の組織委員会は大会の実質的黒字額を68億円と発表しました。これをもとに基金を作り、移転する秩父宮ラグビー場内のラグビーミュージアムの設置、ラグビーを通じた地方の活性化、将来のワールドカップの日本再招致を視野に入れたアジアのラグビーの発展、の三本柱に貢献する予定と言います。

組織委員会の嶋津昭事務総長は、ラグビーを通じた地方の活性化への期待を強調しています。ラグビーの素晴らしさを日本列島の津々浦々にまで浸透させていきたいとの決意が込められています。

「ワールドカップの12会場の計19自治体は、大会開催のための分担金として39億円を負担してくれています。あるいは外国チームのキャンプ地となった自治体にも様々な負担をお願いし、その上に今大会の成功は成り立っています。日本のラグビーもトップリーグの試合開催、あるいは将来のプロ化を進めるにあたって、地方自治体と一緒になって進めていかなければなりません。その意味も含めて、大会のレガシー事業は大切に進めていきたいですね」

ひとつの懸念

ジェイミーは日本代表ヘッドコーチでの手腕が高く評価され、母国ニュージーランドではオールブラックスの次期ヘッドコーチの有力候補との報道が相次いでいました。しかし彼は日本代表のヘッドコーチを続けることを選択し、2019年11月18日、日本ラグビー協会は2023年のワールドカップ・フランス大会までヘッドコーチとしての契約を更新したことを発表しました。

ジェイミーは、多文化の融合が生み出す力が、まだまだ大きな可能性を秘めていると信じていると思います。さらなる可能性を試してみたいのでしょう。ですから2023年に向けてのチーム作りは、今大会で成し遂げたONE TEAMの実績の延長線上で行われるのは間違いありません。

ただ、ジェイミーは2020年1月29日の次期ヘッドコーチ就任会見で、フランス大会に向けた課題についても語っています。その中で、特にスーパーラグビーに参戦していた

「サンウルブズ」が2020年シーズンを最後にスーパーラグビーから撤退することに懸念を表明しています。

「一つ心配を申し上げると、昨年まであったスーパーラグビーがなくなること。スーパーラグビーは選手たちにとってハード、タフな試合を経験させられる貴重な機会です。これがテストマッチの準備に大きな利益を与えていました」

自国開催のワールドカップに向けて、日本のラグビーはトップリーグで切磋琢磨するだけでなく、サンウルブズとしてスーパーラグビーに参戦して、ティア1レベルの試合を自らの体で恒常的に体験する機会を得、そして合宿で代表チームとしての練度に磨きをかけ、テストマッチで力量の差をチェックすることを、強化の柱に据えてきました。

しかし2020年シーズンでのスーパーラグビーからの撤退が決まったことで、その柱の一つがなくなります。ティア1レベルのハードな試合をする機会が圧倒的に減り、個々の選手の力を国際レベルに引き上げる貴重な場を失うことにつながります。

私たちは、南アフリカ代表との試合を通じて、世界の8強から4強以上に上がる壁の高さを痛感しました。

ラグビーワールドカップは、5ヵ国ずつ4つのグループに分かれて1次リーグを行い、各グループの上位2チームの8強が決勝トーナメントを戦います。5ヵ国による総当たり戦を4度の週末で行うと、必ず1チームが余り、その試合を消化するために日程に不均衡が生じます。

２０１９年大会は、ホスト国だったため、日本は全試合で多くの観客動員を求められ、すべての試合が観客動員のしやすい週末に組まれました。日本代表チームは試合が終われば1週間の調整期間を取ることができたわけです。しかしフランス大会ではそうはいかないでしょう。ワールドカップの日程はどうしてもティア1の強豪国が優遇され、ティア2の日本は伝統国に対して不利な日程を課されます。たとえば、２０１５年のイングランド大会では、初戦で南アフリカを破った後、中3日でスコットランドと対戦し、敗れました。このとき、スコットランドは日本戦が大会初戦でしたから、コンディションの差は明らかでした。

大きな課題

ジェイミーは2019年大会の目標を「ベスト8」に定めていました。私がノートに記録してきた記者会見やミーティングにおける彼の発言を振り返ってみると、ジェイミーは「優勝する」とは絶対に口にしなかったことがわかります。

ジェイミーがニュージーランドからスポーツ心理学の先生を招いたことがありました。その先生が、

「選手には『優勝する』と言いなさい。メディアに質問されたら『絶対優勝する』と答えなさい」

とアドバイスしたのですが、ジェイミーは、

「ベスト8には絶対行く」

とまでは言いましたが、「優勝」には言及したことがありませんでした。

ジェイミーは「ベスト8」まで勝ち進むためのチーム作りをしたと言えます。それは1

次リーグの4試合で2位以内に入るためのチーム作りだとも言えます。日本代表チームはメンバーをほぼ固定し、9選手を1次リーグの全4試合で先発起用しました。そして決勝トーナメントの南アフリカ戦を入れた5試合で、31人のメンバー中、一度も出場メンバーとして登録されなかった選手が5人いるのです。プロップの木津悠輔、フッカーの北出卓也、フランカーの徳永祥尭、スクラムハーフの茂野海人、ウィングのアタアタ・モエアキオラの5人です。いずれも一流の選手ですが、ジェイミーのチーム構想からすると、やはりあと一歩、何か足りない部分があったのだと思います。

ラグビーのスターティングメンバーは15人ですが、8人のリザーブが認められています。この8人をどの時点で投入するかが、戦局を大きく左右することがあります。たとえばアマナキ・レレイ・マフィのような爆発的な突破力を秘めた選手は、インパクト・プレーヤーとして後半の的確な時期に投入すれば、一気に戦局を変える可能性があります。スクラムの最前線で消耗の激しいフロントロー3人をいつ交代させるかは、スクラム戦の帰趨に直結する判断です。

試合ごとにスターティングメンバー15人にリザーブ8人を加えた23人の選手が登録され、これがその試合の出場チームとなります。彼らはジャージを身につけ、試合前にピッチに出てウォーミングアップをします。アップが終われば、全員が前の選手の肩に手を置いて、先頭のリーチを扇の要のような形にして、一団となってロッカールームに引き上げてくるのが、試合前の日本代表のセレモニーのようになっています。

ワールドカップ期間中は、原則として毎日、選手4人以上がメディアと会見することに決められています。30人ほど集まっている記者の質問に答えるので、選手にとって負担にはなります。誰を選ぶかが、メディア担当の私にとって問題でした。南アフリカ戦を控えた10月15日の火曜日は、「これまでの1次リーグに出場していない5人の選手を会見させたい」と記者の皆さんに提案したのです。すると、記者さんからは「彼らが非常によくやっていると評判がいいので、ぜひ会見してほしい」との声があり、フォワード3人とバックス2人の2度に分けて会見が実現しました。

そのときにフォワードの3人は、徳永を先頭にして後ろの木津と北出が徳永の肩に手を置いて、ちょうどリーチを先頭にウォーミングアップを終わって引き揚げてくる日本代表を真似て記者会見場に入ってきました。このパフォーマンスに会見場は沸きましたが、彼らはやはり23人の出場選手の枠に入ってリーチの後ろで肩に手を置いて引き揚げてくる一団の中に身を置きたかったのでしょう。冗談に紛らわしてはいましたが、彼らの熱い思いが伝わってきました。

5人は次の対戦相手のチームの分析をし、「仮想敵」となって練習台をつとめ、試合ではウォーターボーイとして水などを運ぶと同時に、ジェイミーからの指示をピッチ上の選手たちに伝える重要な役割を担ってくれました。彼らがこの大会を通じてチームにかけがえのない貢献をしてくれたことは、声を大にして伝えたいと思います。しかし同時に、日本代表が結果的に彼ら5人を除いた26人ですべての試合を戦い抜いたことも、今大会の忘れてはならない教訓の一つだと思います。

31人のメンバーの力量がほぼ揃っていれば、極端に言えば15人のチームを2つ作って、交互に戦えば体の負担は大きく軽減します。今大会でもスコットランドのグレゴー・タウンゼンド監督は「2チーム作る」ことを念頭においていたように見えます。中3日で日本戦を迎えることを想定し、直前のロシア戦（10月9日）では前のサモア戦（9月30日）から先発14人を替え、「控え組」で大勝して、「主力」を日本戦に備えて温存しました。

日本は今大会、4試合を勝ち上がり、5試合目で力尽きました。次のフランス大会でベスト4以上に残るには、5試合目を勝ち、計7試合を戦えるようなチーム作りをしなければなりません。7試合を31人で戦うのと、26人で戦うのでは選手の消耗度が決定的に違います。26人で戦うのは4試合が限界でした。ベスト4以上に勝ち残るためには、今回のスターティングメンバーのレベルの選手を31人揃えることが不可欠な条件となってきます。スーパーラグビーという研鑽の場を失って、いかにしてティア1の強豪国と互角に渡り合えるレベルの選手を31人育てるか。大きな課題が残りました。

ティア1の壁

代表候補メンバーの育成と密接に絡むもう一つの問題として、ティア1強豪国の壁があります。

『ラグビーの世界史　楕円球をめぐる二百年』（白水社）を著した英国の歴史家、トニー・コリンズ氏が、読売新聞（2019年10月24日付朝刊）のインタビューに答え、世界のラグビーのグローバル化について、こう指摘しています。

「（ラグビーは）プロ化で変わりました。テレビ観戦者らを意識し、試合をより魅力的にするためにプレーはできる限り止めず、試合運びを迅速にし、トライが増えるように規則を改めた。伝統国の指導者らは肉弾戦というラグビーの本質を維持しつつ、グローバル化に適応する方策を考えています」

「私は英国から日本大会を遠望して、こんなふうに考えます。スポーツの長所は国境や言葉の壁を越えて人々を結びつける場になること。グローバル競技をめざすのであれば、（ティア1の）伝統国以外の国々が強豪に育つよう、W杯を含む国際試合の機会を確保すべきだ。肝心なのは指導者らに根強い優越意識を脱することです」

「『優越意識』を持つ強豪国が、ティア2の日本に自ら手を差し伸べてくれるとは、期待しないほうがいいでしょう。今回ワールドカップを通じて、日本のラグビーの魅力を世界のファンにアピールすることができました。これからも世界の強豪国とのテストマッチを通して、日本代表が緊張感にあふれた好ゲームを展開し続けることによって、日本代表と戦ってみたい、日本代表との試合であれば観客が集まり、興行的にも成功できる、と強豪国に思わせるようになることが大切だと思います。ジェイミーはティア1の強豪国とのテストマッチを年に何試合か、必ず行えるような環境が、次のフランス大会でベスト8以上の成績を残すのには必須だと考えています。

今こそONE TEAMに

２０２０年。我々は良いスタートが切れたと思っていました。ワールドカップ後の２０１９年12月11日に、東京・千代田区の丸の内仲通りの約８００メートルを使って行われた、日本代表選手による感謝パレードには、５万人ものファンが詰めかけてくれました。年が明けてサンウルブズも、トップリーグも、大学ラグビーも、高校ラグビーも、あらゆる試合に予想以上の多くの観客があふれていました。全国のラグビースクールへの入会希望者も増えてきました。代表選手を起用したテレビコマーシャルが流れ、ワールドカップを通じて生まれたラグビー人気が、定着しつつあることを実感し、これを確固たるものにしていかねばならないと思っていました。

さらにトップリーグ「サントリーサンゴリアス」所属の松島幸太朗が、フランスのプロリーグの強豪「ＡＳＭクレルモン・オーヴェルニュ」へ移籍することが、１月28日に両チームから発表されました。ワールドカップでチーム最多の５トライを挙げた松島が更なる飛躍を図ろうとしていました。

そこに降ってわいたように発生したのが、新型コロナウイルスの感染問題でした。サンウルブズは2月1日のシーズン初戦のレベルズ戦を勝利で飾り、幸先良いスタートを切ったものの、6試合を終わった時点で残り試合は中止となり、最後のシーズンを中途半端な形で終わらざるを得なくなりました。

トップリーグも、大学ラグビーも、高校ラグビーも、試合が中止され、練習さえもできなくなりました。地球規模で影響が広がり、日本代表が6月に予定していたウェールズ代表、7月のイングランド代表との2つのテストマッチが中止になり、11月のスコットランド、アイルランドとの遠征試合も実施が不透明になっています。

2015年ワールドカップの時は、南アフリカ戦の勝利で一時的にラグビー人気が高まりました。日本ラグビー協会では、これで日本国内のラグビー人気に火がつくとの期待がありましたが、数ヵ月で泡のように消えていきました。

我々には、2019年ワールドカップこそは、との思いがありました。ワールドカップをきっかけにラグビーファンになってくださった方たちに、引き続き関心をもってゲームを観てもらえるような、そんな魅力ある試合を展開したい、と思っていました。我々を育てくれたこのスポーツへの恩返しだとの思いもありました。それがコロナ禍で、根底から崩れてしまいました。

日本代表の候補選手ばかりではありません。日本中のラグビーを愛する子供たち、中学生、高校生、大学生、社会人、そしてシニアのチームが活動を制限されています。高校や大学のラグビー部では、新入部員の勧誘活動にも支障が出ています。

日本ラグビー協会の森重隆会長は、試合中止の苦渋の決断をこう語っています。

「昨年9月20日の開幕戦から11月2日の決勝戦まで、日本中がラグビー一色に染まり、出場国の選手やスタッフ、ファンの皆様、関係者の方々が一体となり、ラグビーの素晴らしさを体感していただくことができたと思います。その結果、ラグビーが国民的スポーツとして認知され、たくさんの皆様に応援していただき、2020年以降、ラグビーが一層、日本文化に融合することが期待されていました。そんな矢先に新型コロナウイルスという、ラグビー選手でさえ容易に勝てない相手が現れ、ラグビーのすべての試合を中止せざるを得ませんでした」

我々のラグビー仲間も亡くなりました。悲しみを乗り越えて、ラグビーが再び日本社会を力づけることが出来るように、前を見なければならないと、森会長は決意を語っています。

「新型コロナウイルスに対して、全国民がまさに『ＯＮＥ ＴＥＡＭ』になって戦い、勝利の先には通常の生活が待っています。ラグビーも再開され、この素晴らしい競技が再び勇気と感動を与えてくれるはずです。２０２３年のフランス大会に向け、今まで以上に強化を進め、日本大会以上の成績が収められるように努力し続けていきます」

改めてワールドカップ日本大会が、新型コロナウイルスの感染拡大前に開催できたことの幸運を思わずにはいられません。同時に次のフランス大会まで、まだ代表チーム作りの時間が残されていることも幸運に思います。

新型コロナウイルスという脅威は、いずれワクチンや治療薬が開発されて克服される日が来ることを願います。しかし歴史を振り返るまでもなく、また新たな感染症が我々の社会を襲う日が来る可能性は高いと思います。スクラム、モール、ラックという多人数が密集しての格闘状態がゲームの枢要な要素となっているラグビーというスポーツは、感染症との最も熾烈な戦いを強いられ続けるのかもしれません。

やるべきことはわかっている

キューバ革命の英雄、チェ・ゲバラがラグビーを愛した一人だったことはよく知られています。アルゼンチン生まれの彼は、少年時代にバックスとして楕円球を追いかける日々を過ごしています。ブエノスアイレス大学の医学生時代、ラグビー雑誌「タックル」を自ら立ち上げ、編集に熱中しています。革命に身を投じ、1967年10月にボリビア山中で政府軍によって銃殺され、39年間の生涯を閉じるまで、チェ・ゲバラの体内にラグビー精神は色濃く流れていたと思います。彼はいくつもの名言を残していますが、その一つにこれがあります。

「人間はダイヤモンドだ。ダイヤモンドを磨くことができるのは、ダイヤモンドしかない。人間を磨くにも、人間とコミュニケーションをとるしかないんだよ」

切磋琢磨という言葉が浮かびます。ラグビーは物理的にも体をぶつけ合う行為によって、お互いを磨きあうスポーツであるといえます。2019年ワールドカップを戦ったジェイミー・ジャパンと共に走って、チームの一人ひとりがお互いの育ってきた文化を超えてぶつかり合い、磨きあってともに高みを目指す様を見てきました。

常に人との社会的距離を保ち、ネット空間で人間関係を結ぶテレワークが推奨される時代だからこそ、肉体のぶつかり合いと筋肉と骨をきしませる痛みを通し、若者たちが得るものが貴重になるともいえます。チェ・ゲバラの言を俟つまでもなく、人間同士のコミュニケーション、人と人との接触は、我々が成長するうえで不可欠の要素です。「ポスト・コロナ」の世界において、社会の共感力が失われるような事態だけは避けねばなりません。新型コロナウイルスとの戦いの時間を経験した今だからこそ、文化の違いを超えてコミュニケーションをとり続ける、ＯＮＥ ＴＥＡＭとしての我々の覚悟が問われているような気がしています。

ジェイミーがアイルランド戦を前にしてチームに贈った自作の詩を、もう一度書き留めておきたいと思います。

No one thinks we can win

（誰も我々が勝てるとは思っていない）

No one thinks we can even close
（接戦になるとさえ思っていない）
No one knows how hard you've worked
（誰も君らがどれだけハードワークをしてきたか）
No one knows how many sacrifices you've made
（どれくらいの犠牲を払ってきたか知らない）
You know you're ready
（やるべきことはわかっている）

あとがき

不思議なスポーツである。ラグビーをやっていたというだけで、相手に対して圧倒的な親近感を抱き、理由もなく良い人だと信じてしまう。野球やサッカーに比べて適度にマイナーで競技人口が限られ、同じ肉体的痛みを体験した仲間意識のようなものが芽生えるからかもしれない。国内に限ったことではない。ヨルダンの軍事施設内の一室で、あるいは旧ユーゴスラビア内戦で孤立したサラエボに救援物資を運ぶコンボイの運転席で、ひょんなことからラグビーをやっていたとわかった途端、取材相手の態度が一変し、一気に距離が縮まる経験を何度かした。

神戸製鋼ラグビー部の日本選手権7連覇の立て役者の一人だった藪木宏之さん、週刊現代の敏腕編集長だった講談社の鈴木章一さんとの会も、そんな付き合いの一つだった。世代も、生きてきたバックグラウンドも全く異なる3人が、「ラグビーが好き」という一点だけで結びついていた。時にスポーツライターの藤島大さん、ノンフィクション作家の森功さんら元ラガーが加わって、年に数回、ラグビーについて談論風発、熱く語り合う会合が15年近く続いている。

ワールドカップ日本大会が成功裏に終了後の2019年12月。日本代表チームのメディア担当だった藪木さんを慰労しようと集まった際、代表チームのミーティングなどをハンディカメラで克明に記録していると聞かされた。「それこそワールドカップの最大のレガシーだ。形あるものにして次世代に残すべき」。酔うほどに議論は盛り上がり、3人の共同作業で形にしようと動き始めた。

40年以上に及ぶ新聞人としての時間のうち、最初の10年間を大阪社会部で事件記者として過ごし、残りの多くを国際ニュースの取材に費やしてきた。大学のラグビー部で主将の時、最新の戦術を英国の文献で研究するなどラグビーと真剣に向き合った時期があったとはいえ、攻撃とスピードを重視する現代ラグビーとは全く別の世界である。私にとってラグビーとは、あくまでシニアチームの仲間と体をぶつけ合い、自らがやって楽しむ対象であり、取材テーマではあり得なかった。ワールドカップの個々のゲームの分析など、激闘の記録を期待された読者には物足りない内容かもしれない。

ジェイミー・ジョセフという指揮官率いる日本代表チームの足取りを辿ってみて、日本中を感動させた代表チームの快進撃の裏で、まったく別の壮大なドラマが進行していた事実を初めて知った。異なる文化がお互いに尊重しあい、多様な価値観を共有することで、単一の文化では持ちえない新たな力が生まれる力学に瞠目した。ジェイミーの発想は私にとって新鮮な驚きの連続だった。ニュージーランドという多文化主義を国是とする国に生まれ育ち、しかも民族的には少数派のマオリ出身だからこそ、演出できたドラマなのかも知れない。

異文化の壁を取り払い、偏見や誤解を払拭して強固な信頼を築くために、ジェイミーはしたたかな戦術を駆使している。それは少子高齢化社会の中で、外国人労働者や外国人観光客をさらに受け入れ、文化の異なる人たちと机を並べて仕事をし、隣人として接していく道を選択しようとしている私たちにとって、大いに示唆に富む。

新型コロナウイルスの脅威に怯え、外国との交流を閉ざし、医療資材の輸出を規制して自国に抱え込もうとする自国第一主義に対しても、さらには人種間の対立をあおるような流れに対しても、鮮やかな対抗軸を提示してくれているように思う。

本書は藪木さんの膨大な量の映像とメモ、そして藤井、藪木両氏の証言が核になっているが、同時に多くのラグビー関係者が、取材趣旨を理解して快く協力してくださった。特に日本ラグビー協会の岡村正名誉会長、ラグビーワールドカップ２０１９組織委員会の嶋津昭事務総長には、長時間にわたってインタビューに応じていただいた。改めて感謝したい。皆さんの証言は本書に反映させていただいたが、もちろん文責はすべて私にある。
鈴木取締役の命を受け、講談社の若き編集者、羽鳥涼さんは映像の分析やインタビュー、執筆作業に根気良く付き合ってくださった。彼の助力がなければ、ゴールまで辿り着けなかった。ラグビーにはほとんど関心がなかった彼が、本書の編集を通じて日本ラグビーのファンになってくれたことが、何よりもうれしい。そして彼のように、一人でも多くの方がこの素晴らしいスポーツの魅力を理解し、日本ラグビーの応援団になってくださることを心から願って筆をおきたい。

２０２０年7月吉日

伊藤芳明

ラグビーワールドカップ2019 日本代表戦試合結果

日本代表テストマッチ戦績
2016年11月～2019年9月

年月日	試合結果	対戦国・地域	会場
◉2016年			
11月5日	●20－54	アルゼンチン	秩父宮ラグビー場（東京）
11月12日	○28－22	ジョージア	ミヘイルメスキスタジアム（ジョージア・トビリシ）
11月19日	●30－33	ウェールズ	プリンシパリティースタジアム（イギリス・カーディフ）
11月26日	●25－38	フィジー	スタッド・ドゥ・ラ・ラビーヌ（フランス・ヴァンヌ）
◉2017年			
4月22日	○47－29	韓国	仁川南洞アジアードラグビー競技場（韓国・仁川）
4月29日	○80－10	韓国	秩父宮ラグビー場（東京）
5月6日	○29－17	香港	秩父宮ラグビー場（東京）
5月13日	○16－0	香港	香港フットボールクラブ（中国・香港）
6月10日	○33－21	ルーマニア	えがお健康スタジアム（熊本）
6月17日	●22－50	アイルランド	エコパスタジアム（静岡）
6月24日	●13－35	アイルランド	味の素スタジアム（東京）
11月4日	●30－63	オーストラリア	日産スタジアム（神奈川）
11月19日	○39－6	トンガ	スタッド・アーネスト・ワロン（フランス・トゥールーズ）
11月26日	△23－23	フランス	Uアリーナ（フランス・ナンテール）
◉2018年			
6月9日	○34－17	イタリア	大分銀行ドーム（大分）
6月16日	●22－25	イタリア	ノエビアスタジアム神戸（兵庫）
6月23日	○28－0	ジョージア	豊田スタジアム（愛知）
11月3日	●31－69	ニュージーランド	味の素スタジアム（東京）
11月17日	●15－35	イングランド	トゥイッケナムスタジアム（イギリス・ロンドン）
11月24日	○32－27	ロシア	キングスホルムスタジアム（イギリス・グロスター）
◉2019年			
7月27日	○34－21	フィジー	釜石鵜住居復興スタジアム（岩手）
8月3日	○41－7	トンガ	東大阪市花園ラグビー場（大阪）
8月10日	○34－20	アメリカ	ANZスタジアム（フィジー・スバ）
9月6日	●7－41	南アフリカ	熊谷ラグビー場（埼玉）

予選プールA　第1戦

2019年9月20日　19時45分　味の素スタジアム

●対戦国　ロシア

●試合結果　○30−10

●得点経過

前半5分	0−7	ゴロスニツキーがトライ、キックも成功
11分	5−7	松島がトライ
39分	12−7	松島がトライ、キックも成功
後半3分	15−7	田村がペナルティゴール成功
6分	20−7	ラブスカフニがトライ
20分	20−10	クシナリョフがペナルティゴール成功
23分	23−10	田村がペナルティゴール成功
30分	30−10	松島がトライ、キックも成功

●日本代表出場メンバー

①稲垣啓太（54分➡中島イシレリ）
②堀江翔太（74分➡坂手淳史）
③ヴァル・アサエリ愛（54分➡具智元）
④ヴィンピー・ファンデルヴァルト（60分➡トンプソン・ルーク）
⑤ジェームス・ムーア
⑥リーチ・マイケル（70分➡ツイ・ヘンドリック）
⑦ピーター・ラブスカフニ
⑧姫野和樹
⑨流大（60分➡田中史朗）
⑩田村優（60分➡松田力也）
⑪レメキ・ロマノ・ラヴァ
⑫中村亮土
⑬ラファエレ・ティモシー
⑭松島幸太朗
⑮ウィリアム・トゥポウ（70分➡山中亮平）

予選プールA　第2戦

2019年9月28日　16時15分　小笠山総合運動公園エコパスタジアム

●対戦国　アイルランド

●試合結果　○19－12

●得点経過

前半13分　0－5　リングローズがトライ
17分　3－5　田村がペナルティゴール成功
21分　3－12　カーニーがトライ、キックも成功
33分　6－12　田村がペナルティゴール成功
39分　9－12　田村がペナルティゴール成功
後半20分　16－12　福岡がトライ、キックも成功
31分　19－12　田村がペナルティゴール成功

●日本代表出場メンバー

①稲垣啓太（63分➡中島イシレリ）
②堀江翔太
③具智元（53分➡ヴァル・アサエリ愛）
④トンプソン・ルーク（63分➡ヴィンピー・ファンデルヴァルト）
⑤ジェームス・ムーア
⑥姫野和樹
⑦ピーター・ラブスカフニ
⑧アマナキ・レレイ・マフィ（30分➡リーチ・マイケル）
⑨流大（56分➡田中史朗）
⑩田村優
⑪レメキ・ロマノ・ラヴァ
⑫中村亮土
⑬ラファエレ・ティモシー
⑭松島幸太朗
⑮山中亮平（49分➡福岡堅樹）

予選プールA　第3戦

2019年10月5日　19時30分　豊田スタジアム

●対戦国　サモア

●試合結果　○38－19

●得点経過

前半2分　3–0　田村がペナルティゴール成功
7分　6–0　田村がペナルティゴール成功
9分　6–3　タエフがペナルティゴール成功
15分　6–6　タエフがペナルティゴール成功
23分　9–6　田村がペナルティゴール成功
29分　16–6　ラファエレがトライ、キックも成功
33分　16–9　タエフがペナルティゴール成功
後半4分　16–12　タエフがペナルティゴール成功
10分　19–12　田村がペナルティゴール成功
15分　26–12　姫野がトライ、キックも成功
33分　26–19　タエフがトライ、キックも成功
35分　31–19　福岡がトライ
46分　38–19　松島がトライ、キックも成功

●日本代表出場メンバー

①稲垣啓太（51分➡中島イシレリ）
②坂手淳史（40分➡堀江翔太）
③具智元（51分➡ヴァル・アサエリ愛）
④ヴィンピー・ファンデルヴァルト（67分➡ヘル・ウヴェ）
⑤ジェームス・ムーア
⑥リーチ・マイケル（63分➡ツイ・ヘンドリック）
⑦ピーター・ラブスカフニ
⑧姫野和樹
⑨流大（62分➡田中史朗）
⑩田村優
⑪レメキ・ロマノ・ラヴァ
⑫中村亮土（69分➡松田力也）
⑬ラファエレ・ティモシー
⑭松島幸太朗
⑮山中亮平（56分➡福岡堅樹）

予選プールA　第４戦

2019年10月13日　19時45分　日産スタジアム

●対戦国　スコットランド

●試合結果　○28−21

●得点経過

前半7分	0−7	ラッセルがトライ、キックも成功
19分	7−7	松島がトライ、キックも成功
26分	14−7	稲垣がトライ、キックも成功
41分	21−7	福岡がトライ、キックも成功
後半3分	28−7	福岡がトライ、キックも成功
10分	28−14	ネルがトライ、キックも成功
15分	28−21	フェーガーソンがトライ、キックも成功

●日本代表出場メンバー

①稲垣啓太(56分➡中島イシレリ)
②堀江翔太(72分➡坂手淳史)
③具智元(21分➡ヴァル・アサエリ愛)
④トンプソン・ルーク
⑤ジェームス・ムーア(51分➡ヘル・ウヴェ)
⑥リーチ・マイケル(72分➡ツイ・ヘンドリック)
⑦ピーター・ラブスカフニ
⑧姫野和樹
⑨流大(50分➡田中史朗)
⑩田村優
⑪福岡堅樹
⑫中村亮土(74分➡松田力也)
⑬ラファエレ・ティモシー
⑭松島幸太朗
⑮ウィリアム・トゥポウ(50分➡山中亮平)

準々決勝
2019年10月20日　19時15分　味の素スタジアム

●対戦国　南アフリカ

●試合結果　●3−26

●得点経過

前半4分	0−5	マピンピがトライ
20分	3−5	田村がペナルティゴール成功
後半4分	3−8	ポラードがペナルティゴール成功
9分	3−11	ポラードがペナルティゴール成功
24分	3−14	ポラードがペナルティゴール成功
26分	3−21	デクラークがトライ、キックも成功
30分	3−26	マピンピがトライ

●日本代表出場メンバー

①稲垣啓太（48分➡中島イシレリ、68分➡稲垣啓太）
②堀江翔太（72分➡坂手淳史）
③具智元（64分➡ヴァル・アサエリ愛）
④トンプソン・ルーク（54分➡ヴィンピー・ファンデルヴァルト）
⑤ジェームス・ムーア
⑥リーチ・マイケル
⑦ピーター・ラブスカフニ
⑧姫野和樹（52分➡アマナキ・レレイ・マフィ）
⑨流大（72分➡田中史朗）
⑩田村優（48分➡松田力也）
⑪福岡堅樹
⑫中村亮土
⑬ラファエレ・ティモシー
⑭松島幸太朗
⑮山中亮平（60分➡レメキ・ロマノ・ラヴァ）

◉引用文献等一覧

《第1章》

1「Sports Graphic Number」2020年3月12日号、p.92

2「Sports Graphic Number」2020年3月12日号、p.92

《第2章》

1『ハードワーク　勝つためのマインド・セッティング』、p.138

2「NHKスペシャル ラグビー日本代表 密着500日〜快進撃の舞台裏〜」、2019年10月20日放送

3「ラグビーマガジン」2020年1月号、p.11

《第3章》

1「ラグビーマガジン」2019年12月号増刊、p.60

《第4章》

1「Sports Graphic Number」2020年1月16日号、p.18

2「NHKスペシャル ラグビーワールドカップ2019 第2回 日本代表〝奇跡〞の先へ」、2019年9月27日放送

3『自由と規律　イギリスの学校生活』、pp.140-141

4『人類のためだ。 ラグビーエッセー選集』、p.78

5「NHKスペシャル ラグビー日本代表 密着500日〜快進撃の舞台裏〜」、2019年10月20日放送

《第6章》

1『銃・病原菌・鉄　上巻』、p.82、94

《第7章》

1「Sports Graphic Number」2020年1月16日号、p.16

2「Sports Graphic Number」2020年1月16日号、p.16

《第10章》

1『ハードワーク　勝つためのマインド・セッティング』、pp.39-40

《第11章》

1『人類のためだ。 ラグビーエッセー選集』、p.110

◉参考文献 ※編著者名五十音順

池田潔 『自由と規律 イギリスの学校生活』 岩波新書、1949年

エディー・ジョーンズ 『ハードワーク 勝つためのマインド・セッティング』 講談社+α文庫、2018年

後藤正治 『ラグビー・ロマン 岡仁詩とリベラル水脈』 岩波新書、2006年

関根政美 『多文化主義社会の到来』 朝日選書、2000年

東京大学ラグビー部OB会七十年史編集委員会編 『東京大学ラグビー部七十年史 1921-1991』 東京大学ラグビー部OB会、1991年

トニー・コリンズ、北代美和子訳 『ラグビーの世界史 楕円球をめぐる二百年』 白水社、2019年

日比野弘 『日比野 弘の日本ラグビー全史 』 ベースボール・マガジン社、2011年

藤島大 『人類のためだ。ラグビーエッセー選集』 鉄筆、2015年

藤島大 『知と熱 日本ラグビーの変革者・大西鐵之祐』 文春文庫、2003年

ラグビーW杯2015日本代表 全31名 『日本ラグビーの歴史を変えた桜の戦士たち』 実業之日本社、2016年

『ラグビー 激闘の記録 サンデー毎日臨時増刊 11月2日号』 毎日新聞出版、2019年

『「週刊現代」特別編集 オールカラー ラグビー日本代表 初の8強入り全記録 2019年10月、日本列島に桜咲く!』 講談社、2019年

ほか「Sports Graphic Number」(文藝春秋)、「ラグビーマガジン」(ベースボール・マガジン社)、「毎日新聞」、「読売新聞」、「朝日新聞」に掲載の特集記事を参考とした。

［著者紹介］

藤井雄一郎《ふじい・ゆういちろう》

1969年、奈良県生まれ。'93年、名城大学卒業後、ニコニコドーラグビー部に入部。'99年にサニックスに移籍し、センター、ウイングとして活躍した。現役引退後は2002年名城大学のヘッドコーチ、'04年サニックスのバックスコーチ、'05年監督。'17年サンウルブズのキャンペーン・ディレクターを経てGMに就任。'19年より日本代表の強化委員長を務める。

藪木宏之《やぶき・ひろゆき》

1966年、山口県生まれ。'88年、明治大学卒業後、神戸製鋼に入社。'88年~'93年はスタンドオフとして、'94年はスクラムハーフ・スタンドオフとして、チームの7連覇に貢献した。現役引退後は神戸製鋼の広報部員を務め、2016年から日本ラグビー協会に出向して広報部長に就任。'19年より日本代表の広報を担当した。'20年より関西ラグビー協会の事務局長を務める。

［文・構成］

伊藤芳明《いとう・よしあき》

1950年、東京都生まれ。毎日新聞社でカイロ、ジュネーブ、ワシントンの特派員、編集局長を経て専務取締役主筆。2016年から論説特別顧問。TBSラジオ「森本毅郎 スタンバイ!」のコメンテーター。元日本記者クラブ理事長。著書に『ボスニアで起きたこと』など。高校、大学でラグビー部に所属、現在はシニアチームでプレーする。関東学士ラガー倶楽部会長。

あの感動と勇気が甦ってくる

ラグビー日本代表《にほんだいひょう》
ONE《ワン》 TEAM《チーム》の軌跡《きせき》

2020年7月27日　第1刷発行

著者
藤井《ふじい》雄一郎《ゆういちろう》　藪木《やぶき》宏之《ひろゆき》

文・構成
伊藤芳明《いとうよしあき》

発行者
渡瀬昌彦

発行所
株式会社　講談社
〒112-8001　東京都文京区音羽2-12-21
電話　03-5395-3438（編集）
　　　03-5395-4415（販売）
　　　03-5395-3615（業務）

印刷所
株式会社新藤慶昌堂

製本所
大口製本印刷株式会社

ISBN978-4-06-520827-4